À LA DÉCOUVERTE DU CANADA

Les défenseurs

ROBERT LIVESEY ET A.G. SMITH

PLAINES

Les Éditions des Plaines remercient le Conseil des arts du Canada et le Conseil des arts du Manitoba du soutien accordé dans le cadre des subventions globales aux éditeurs et reconnaissent l'aide financière du ministère du Patrimoine canadien (PADIÉ) et du ministère de la Culture, Patrimoine et Tourisme du Manitoba, pour leurs activités d'édition.

Conseil des Arts du Canada　Canada Council for the Arts
Conseil des arts du Manitoba　Manitoba Arts Council
Manitoba

Catalogage avant publication de Bibliothèque et Archives Canada

Livesey, Robert, 1940-
Les défenseurs / Robert Livesey ; illustrations de A.G. Smith ; traduction
de Marie-Hélène Duval.

(À la découverte du Canada)
Comprend un index.
Traduction de: The defenders.
ISBN 978-2-89611-050-6
1. Canada—Histoire—1812, Guerre de—Ouvrages pour la jeunesse. I. Smith, A. G. (Albert Gray), 1945- II. Duval, Marie-Hélène, 1951- III. Titre.
IV. Collection:°Livesey, Robert, 1940- . À la découverte du Canada.
FC442.L5814 2009　　j971.03'4　　C2009-905378-0

Dépôt légal, 3e trimestre 2009-09-22 Bibliothèque nationale du Canada
Bibliothèque provinciale du Manitoba et Bibliothèque nationale du Québec.

Éditions des Plaines
C.P. 123 - Saint-Boniface (Manitoba) Canada R2H 3B4
Tél. : 204 235 0078 - admin@plaines.mb.ca - www.plaines.mb.ca
Traduction : Marie-Hélène Duval
Mise en page : Relish Studio
Édition : Huguette Le Gall – Publication : Joanne Therrien.

Imprimé au Canada par Friesens Corporation sur du papier
100 % recyclé et certifié FSC pour les pages intérieures de ce livre.

FSC Sources Mixtes
Cert no. SW-COC-001271
© 1996 FSC

Bénéfices pour l'environnement

Les Éditions Des Plaines a économisé les ressources suivantes en imprimant les pages de ce livre sur du papier sans chlore fabriqué avec 100 % de déchets postconsommation (DPC).

Arbres	Eau	Déchets solides	Gaz à effet de serre
8 matures	3483 gallons	211 livres	723 livres

Calculs effectués à partir des recherches de Environmental Defense et de Paper Task Force. Fabriqué par Friesens Corporation.

À mes cousins Brett et Kara, avec toute mon affection

Je veux remercier tout particulièrement M. Scott Baltjes, M. Ron Dale, Mme Josie Hazen, Mme Vicky Kosharewich, Mme Elsha Leventis, M. Warren Simpson, M. David Webb, les bibliothécaires de la bibliothèque municipale d'Oakville, la bibliothèque du collège Sheridan, la bibliothèque de l'université de Windsor et tous les interprètes historiques de 1812 (qui m'ont tant appris) pour leur aide dans la réalisation de cet ouvrage.

Autres titres de la série...

Les Vikings

La traite des fourrures

La Nouvelle-France

Les Premières nations

Les rebelles

Table des matières

Introduction

Les Canadiens sont des pacifistes. Contrairement à de nombreux pays, le Canada a vu le jour sans violence et sans révolution ni bain de sang. Nous ne considérons aucun pays comme notre ennemi, et aucun pays n'a de raison de nous détester. La plus longue frontière non militarisée du monde est celle avec notre voisin immédiat, les États-Unis d'Amérique.

Les Canadiens ne sont pas des gens faibles ou timides pour autant. Si on nous attaque, nous nous défendons sans hésiter. Lorsque nos amis de partout dans le monde entrent en conflit avec leurs voisins, le Canada est l'un des premiers pays à leur venir en aide ou à se porter volontaires en qualité de force de maintien de la paix.

Il y a très longtemps, en 1812, les États-Unis ont tenté d'envahir le Canada et nous avons dû défendre nos frontières et la vie des Canadiens. À cette époque, le Canada se composait de plusieurs colonies sous protection britannique. Lorsque la Grande-Bretagne s'est engagée dans une longue guerre contre la France, les Américains qui souhaitaient ardemment étendre leur territoire à toute l'Amérique du Nord pensaient qu'il serait facile de s'emparer du Canada, puisque les Anglais étaient trop occupés à guerroyer en Europe pour pouvoir défendre leurs colonies d'Amérique du Nord. Le président américain d'alors, Thomas Jefferson, se vantait de pouvoir conquérir le Canada par une simple « prise de possession ».

À l'époque, on ne comptait qu'un Canadien pour dix Américains et seulement 4 000 soldats britanniques étaient déployés au Canada. Lorsque le président

Madison des États-Unis déclare la guerre, le 18 juin 1812, le nombre d'Américains s'élève à huit millions, contre seulement trois cent mille Canadiens. Pour compliquer encore plus la situation, plus de la moitié des colons du Haut-Canada viennent tout juste d'émigrer des États-Unis. Les Américains disposent d'une grande armée, expérimentée, alors que le Canada n'a qu'une petite armée de courageux soldats britanniques appuyés par des guerriers amérindiens et des fermiers ou villageois volontaires mal préparés au combat. La guerre qui se prépare est l'une des plus inégales que l'Histoire ait connues. Les Canadiens doivent faire appel à toute leur intelligence et à leur imagination pour réussir à se défendre contre une telle puissance.

Les faucons

En plus de vouloir se rendre maîtres de toute l'Amérique du Nord, deux principales raisons motivent les États-Unis à déclarer la guerre à la Grande-Bretagne. En premier

lieu, ils veulent reculer leurs frontières vers le Nord-Ouest. Les nouveaux colons sont en conflit avec les tribus amérindiennes qui chassent et vivent depuis toujours sur ces territoires. De nombreux Américains, appelés les « faucons », pensent que les Canadiens, qui font pacifiquement la traite des fourrures avec leurs partenaires amérindiens, encouragent ces derniers à repousser les colons américains.

Un de ces ambitieux chefs américains, le général William Henry Harrison, attaque le village amérindien de Prophet le 17 novembre 1811. C'est ce qu'on appellera la bataille de Tippecanoe. Deux frères shawnee qui habitent ce village, *The Prophet* et *Leaping Panther,* rêvent d'une confédération amérindienne qui occuperait le territoire allant du lac Érié, au nord, jusqu'à la Floride au sud. Des milliers de braves d'une demi-douzaine de tribus se sont joints aux deux chefs shawnee.

Harrison l'emporte sur les Amérindiens et brûle leur village. Cette victoire l'avantagera plus tard au moment de se faire élire président des États-Unis.

Frictions en haute mer

La deuxième cause des troubles ayant mené à la guerre est le décret émis par les Britanniques permettant à leurs navires d'arraisonner les navires américains en mer. Les Britanniques veulent empêcher les États-Unis d'envoyer des marchandises ou des approvisionnements en France avec qui ils sont en guerre. En outre, les affréteurs yankees et la marine américaine sollicitent les déserteurs de l'armée britannique en leur offrant une meilleure solde et de faux documents prouvant qu'ils sont citoyens américains. Les Britanniques abordent les navires américains en mer, les fouillent, et forcent les anciens marins britanniques à retourner à la guerre. Mais il arrive que des marins américains se fassent arrêter en raison d'erreurs d'identité.

Une guerre inutile?

En 1812, les nouvelles prennent plusieurs semaines à traverser l'Atlantique en bateau. Au moment où le Congrès américain déclare la guerre, le 18 juin 1812, le vote est très serré. Personne ne sait qu'un des principaux enjeux n'existe plus : la Grande-Bretagne a suspendu son décret depuis deux jours.

UN FUSILIER MARIN MONTE LA GARDE

Armes de guerre

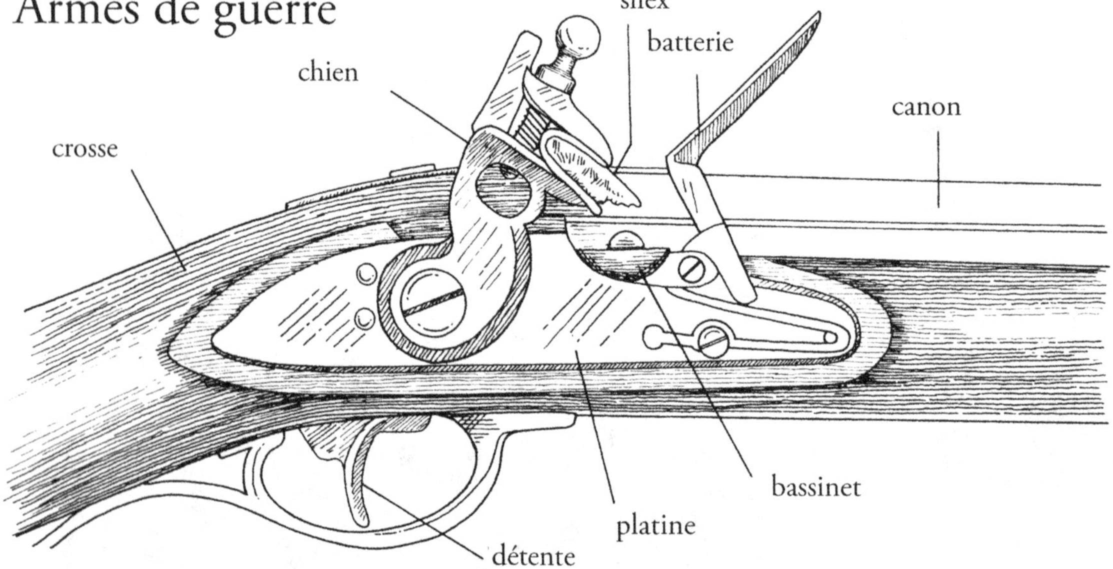

Le mousqueton britannique

On appelait *Brown Bess* ou « mousqueton britannique » le mousquet à silex dont disposaient les soldats de l'armée britannique durant la guerre de 1812. Un tir de mousquet nécessitait 19 étapes. On le chargeait de petites balles de quatre grammes, mais cette arme n'était pas très précise. Les soldats visaient l'ennemi et tiraient tous en même temps au commandement de l'officier. La pluie de balles suivant les détonations assourdissantes des mousquets, en plus des grosses volutes de fumée bleue, créait une atmosphère frénétique. Même si leurs armes étaient plus longues et encombrantes, les Canadiens pouvaient charger et tirer deux ou trois fois en une minute. Un bon nombre d'Américains apportaient leurs propres armes, comme le fusil de *Harper's Ferry* ou le fusil *Tennessee* (toutefois fabriqué en Pennsylvanie), qui étaient plus précis que les mousquets, mais qui prenaient plus de temps à charger.

Bombes et sauterelles

Les canons de guerre étaient mortels et dévastateurs. On les nommait selon le poids de leurs projectiles en fonte appelés « boulets de canon » : canon de trois livres (1,4 kg), canon de six livres (2,7 kg), canon de neuf livres (4 kg), canon de douze livres (5,4 kg), canon de dix-huit livres (8,2 kg), canon de vingt-quatre livres (11 kg). On remplissait l'obus de poudre, ce qui créait une bombe qui pouvait exploser dans les airs en répandant des douzaines de fragments mortels sur les lignes ennemies. Les projectiles les plus mortels étaient les charges en grappe et les charges à mitraille. On appelait certains canons de trois livres « sauterelle », car le chariot sur lequel on les transportait rebondissait ou « sautait » lorsqu'on le tirait.

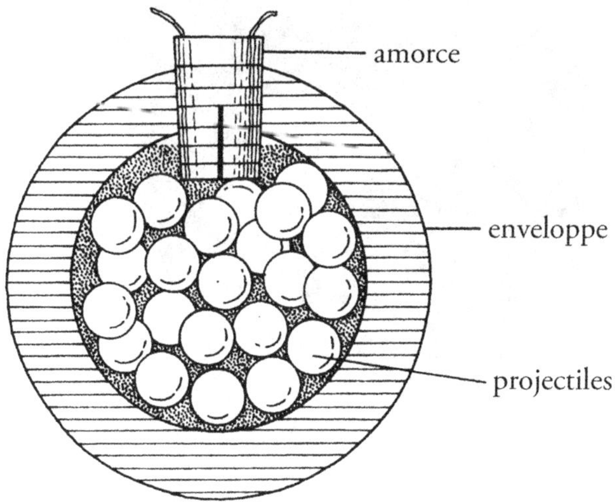

CHARGE À MITRAILLE

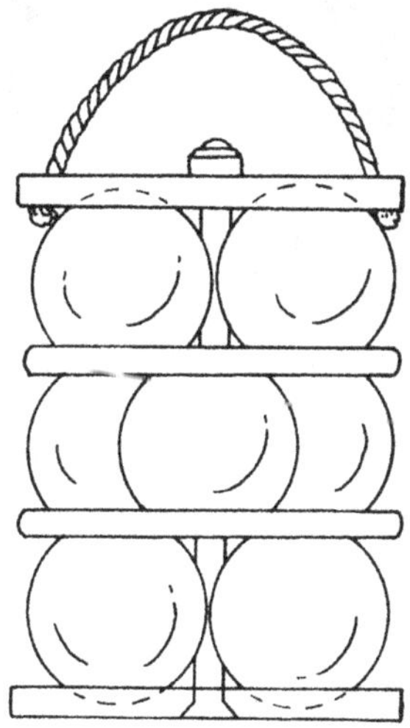

CHARGE EN GRAPPE

CHAPITRE 1 *Un héros du Haut-Canada*

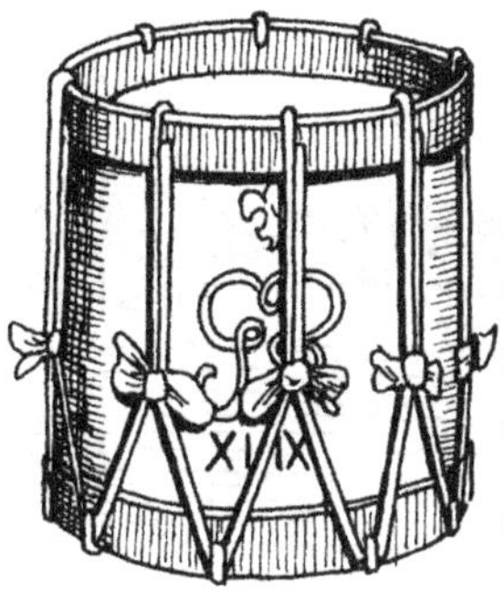

La victoire du Canada contre les armées d'envahisseurs américains en 1812 est surtout attribuable à un homme, Isaac Brock. Celui-ci mesure deux mètres. Il a les cheveux blonds et les yeux bleus. C'est un robuste soldat de carrière, intrépide et audacieux. Expliquant un jour comment sa petite armée était venue à bout d'un ennemi supérieur en nombre, il avait dit : « Je suis grand et je parle fort ».

Le général Brock est venu d'Angleterre au Canada en 1802, et a remonté le Saint-Laurent avec le 49e régiment britannique. L'année suivante, il a mis fin à lui seul à une dangereuse conspiration dont les instigateurs étaient des déserteurs d'un détachement, au fort George. Il s'exprime parfaitement bien en français, de même qu'en anglais, sa langue maternelle, et il est si attaché à la population du Canada qu'il a refusé un poste en Espagne pour pouvoir rester ici. Alors major-général, en 1811, il a été nommé lieutenant-gouverneur provisoire du Haut-Canada.

Le 18 juin 1812, les États-Unis déclarent la guerre au Canada, et une des guerres les plus inégales de l'Histoire est sur le point de commencer. Les Américains rêvent d'occuper toute l'Amérique du Nord, ce qu'on appellera la « destinée manifeste ». Les États-Unis veulent envahir le Canada en y envoyant deux armées : celle du général Hull en passant par le fort Detroit, et celle du général Van Rensselaer à Niagara. Ils croient pouvoir conquérir le Haut-Canada (Ontario) avant la fin de 1812, puis poursuivre leur avancée vers le Bas-Canada (Québec) en capturant Montréal avant l'été 1813.

Le 12 juillet 1812, le général Hull se met en marche vers le Haut-Canada à la tête de 2 000 soldats américains, pour exiger la capitulation du Canada. Mais Isaac Brock, qui a pris les devants, ordonne d'attaquer le fort Michilimackinac le 16 juillet. C'est ce fort, situé sur l'île Mackinac, qui régit le commerce des fourrures du Nord-Ouest sur le détroit entre le lac Michigan et le lac Huron.

Le capitaine Charles Roberts, du *10th Royal Veterans,* commande les forces canadiennes sur l'île Saint-Joseph. Il est secondé par John Askin Jr, qui dirige une troupe formée de commerçants de fourrures, de voyageurs et de miliciens, et par Robert Dickson, un géant de deux mètres d'origine écossaise, que les Sioux appellent Mascotopah, « L'homme aux cheveux rouges », en raison de sa longue chevelure rouge foncé. Dickson vit comme un chef avec son épouse amérindienne.

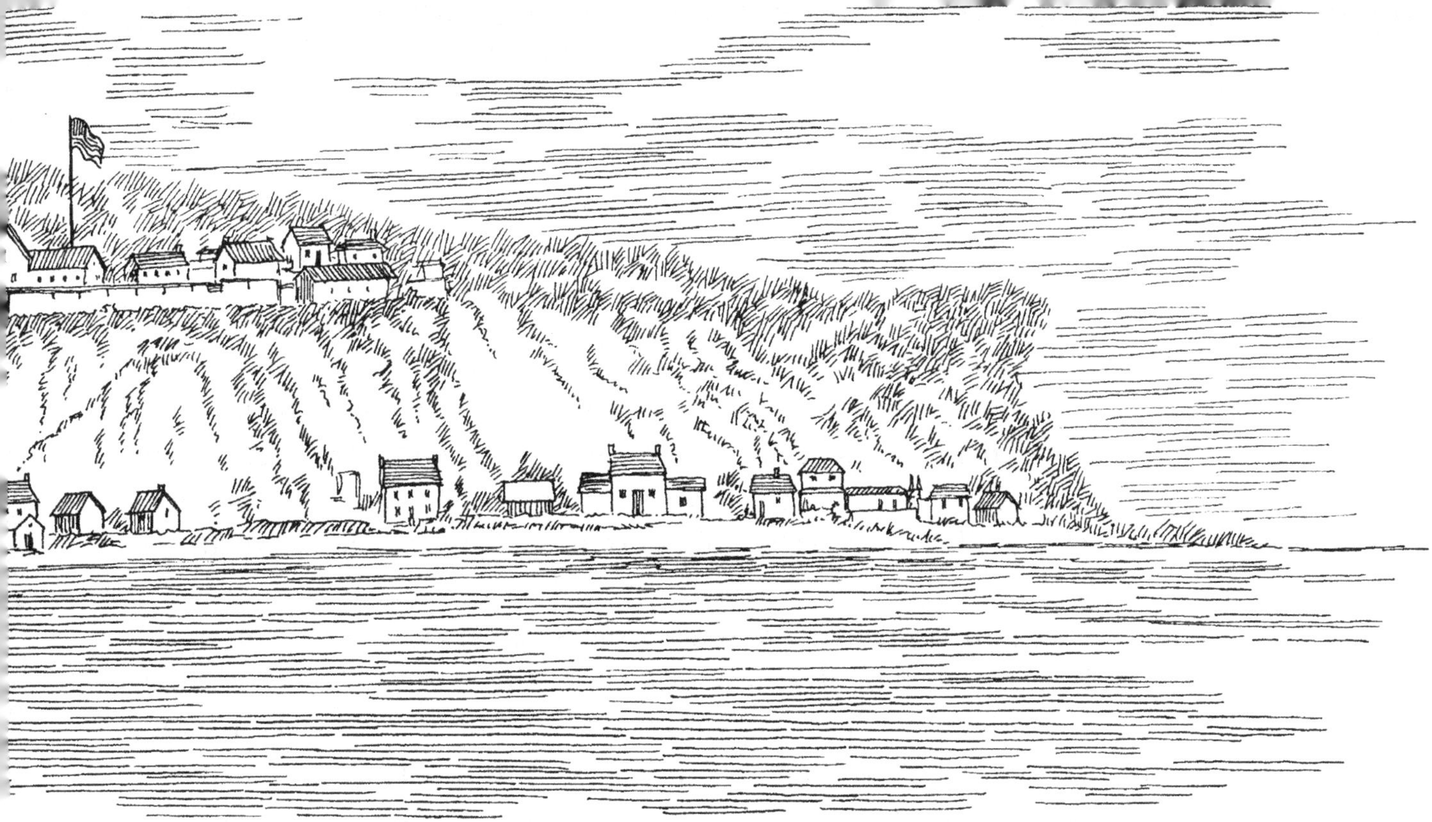

Son territoire de chasse occupe les états actuels du Minnesota, du Wisconsin et de l'Iowa. Leur victoire facile et sans bain de sang (l'officier américain ignorant que la guerre est déclarée) donne confiance aux Amérindiens et aux commerçants de fourrures du Nord-Ouest. Pendant que l'armée de Hull bat en retraite au fort Detroit, Brock continue d'avancer et rencontre le célèbre chef shawnee, *Leaping Panther,* qui ne demande pas mieux que de se joindre aux Canadiens, afin de libérer son territoire et de venger l'incendie de son village à Tippecanoe. Ils décident d'attaquer immédiatement le fort Detroit.

Capture du fort Detroit

Le général Hull craint tout particulièrement les Amérindiens. Brock bluffe effrontément en sommant son adversaire de se rendre. Il envoie le message suivant au commandant américain : « Vous devez savoir que, une fois l'affrontement commencé, je n'aurai plus de contrôle sur les nombreux groupes amérindiens qui ont joint nos rangs. »

Cette nuit-là, les Amérindiens traversent la rivière en silence et se regroupent dans les bois, derrière le fort, où ils commencent à terrifier les troupes américaines en lançant leur cri de guerre et en s'envoyant des signaux. À l'aube du 16 août 1812, Brock se dresse devant l'ennemi, vêtu de son uniforme rouge et or, en selle sur son célèbre cheval gris, Alfred. *Leaping Panther* chevauche à ses côtés dans son attirail de guerre coloré.

Brock a recommandé à sa minuscule armée de miliciens recrutés dans les fermes et les villages du Haut-Canada et peu formés, de marcher au pas et de porter des manteaux rouges pour créer l'illusion d'un grand nombre de soldats professionnels. Brock n'a que cinq gros canons sur la rivière, face au fort Detroit où les Américains disposent de 33 gros canons.

Brock réussit à tromper ces derniers. Lorsque les premiers projectiles atteignent le fort, Hull et ses 2 500 soldats se rendent sans combattre à l'armée de Brock qui ne compte que 800 hommes. Cette victoire signifie que les Canadiens tiennent presque tout le territoire du Michigan.

Bataille des hauteurs de Queenston

Le général américain de l'armée centrale, Van Rensselaer, commande 6 300 hommes, et Brock seulement 1 500. Un mois après la capture du fort Detroit, les Américains attaquent le 13 octobre 1812, par une matinée sombre et humide. Une force d'environ 1 500 soldats traverse la rivière Niagara au village canadien de Queenston, en face de Lewiston, New York.

Durant la bataille, un jeune officier américain, le capitaine Wool, escalade les hauteurs de Queenston et les occupe. Brock, réalisant que ceux qui tiendront les hauteurs gagneront la bataille, rassemble environ 90 hommes pour une contre-offensive. Coiffé de son casque à plumeau et vêtu de sa tunique écarlate, brandissant une épée scintillante et cape au vent, il leur fait grimper la colline. Une balle l'atteint au poignet, mais Brock n'en fait aucun cas. Un habile tireur américain caché derrière un arbre vise Isaac Brock et tire. Ce dernier meurt sur le coup. La balle a atteint la poitrine gauche de Brock, pour la traverser de part en part.

Même mort, Brock continue de fouetter ses troupes qui se rappellent son cri d'encouragement « En avant, volontaires de York! » qu'il leur lançait en galopant à leur tête sur la route de Queenston. Le lieutenant-colonel John Macdonnel prend les commandes pour une nouvelle tentative d'occuper la colline, mais trouve lui aussi la mort. Le major-général Roger Sheaffe hérite du commandement et dirige une troisième attaque en contournant les Américains et les prenant à revers. Il réussit à reprendre les hauteurs. Au cri de « Vengeons le général! », la petite troupe repousse les Américains de l'autre côté de la rivière. Les Britanniques et les Canadiens ont laissé 14 hommes sur le champ de bataille, mais ont blessé ou tué 300 de leurs adversaires et fait 958 prisonniers.

À la fin de la guerre, pas un mètre du territoire canadien n'était passé sous le contrôle américain. L'engagement d'Isaac Brock de préserver le sol canadien de l'invasion américaine était respecté.

Duel à mort

Isaac Brock n'avait que 21 ans lorsqu'un officier plus âgé de son régiment, qui avait déjà tué plusieurs rivaux, provoqua le jeune Brock en duel au pistolet. Au moment d'affronter son adversaire, Brock, en tant que partie lésée, pouvait décider des conditions du combat. Au lieu des 12 pas qui séparaient habituellement les adversaires, Brock arma son pistolet et insista pour que le tir se fasse à bout portant, ce qui équivalait à dire qu'aucun des deux ne survivrait. Le capitaine refusa de se battre dans de telles conditions et abandonna la partie... et aussi l'occasion de sauver son honneur.

Pauvre Sophie

Lorsqu'Isaac Brock perdit la vie sur les hauteurs de Queenston, à 46 ans, il était encore célibataire. Mais la légende veut qu'il laissât en deuil sa fiancée, Sophie Shaw, à qui il avait rendu visite avant la bataille. Elle ne se maria jamais et on prétend que, encore de nos jours, Sophie Shaw hante son ancienne demeure là où se trouve aujourd'hui Niagara-on-the-Lake. Les nuits sans lune, on y entend les lamentations lugubres d'une femme en pleurs.

Des Amérindiens et des Noirs

Les soldats britanniques et la milice de Lincoln et de York gagnèrent la bataille des hauteurs de Queenston avec l'aide de leurs alliés amérindiens. Le féroce et agressif John Norton (Teyoninhokarawen), fils d'une mère écossaise et d'un père cherokee, était devenu chef de guerre mohawk. Il ornait d'une plume d'autruche ses longs cheveux noirs, attachés par un mouchoir rouge. Son visage et son corps étaient couvert de peintures de guerre et il brandissait un tomahawk mortel. Le guerrier se glissa derrière les lignes américaines à la tête de 250 braves dont le cri de guerre terrorisait les troupes. John Brant se tenait à ses côtés. Âgé de 18 ans, il était le fils du chef mohawk, Joseph Brant, qui avait défendu nos frontières et avait été récompensé par la concession d'une terre à l'époque de la révolution américaine.

Un autre groupe, la brigade de Robert Runchey, était composé de soldats noirs (des esclaves en fuite du sud des États-Unis qui avaient trouvé refuge au Canada). L'un d'eux, le soldat Richard Pierpont, qu'on surnommait « Capitaine Dick », s'était porté volontaire avec une petite troupe de 30 hommes. Ils chargèrent l'ennemi en envoyant quelques envahisseurs américains s'écraser sur les rochers, en bas de l'escarpement.

Massacre de la rivière Raisin

Au cours des derniers mois de 1812, le général Harrison, commandant en chef de l'armée du Nord-Ouest, pille et détruit 19 villages amérindiens pendant que le gouverneur Isaac Shelby du Kentucky, qui rêve de reprendre le fort Detroit, rassemble plus de 2 000 miliciens à cheval et commence à exterminer les villages amérindiens de l'Indiana et de l'Illinois.

Le 18 janvier 1813, le général James Winchester s'empare de Frenchtown à la tête d'une grande armée de soldats du Kentucky. Frenchtown se trouve juste au sud du fort Detroit et n'est défendu que par quelques soldats britanniques. Au fort Amherstburg (également appelé le fort Malden) de l'autre côté de la rivière, en face du fort Detroit, le colonel Henry Proctor lance une contre-offensive le lendemain avec moins de 600 soldats et environ 500 guerriers de tribus comme les Potawatomi, les Miami et les Wyandot. Il reprend Frenchtown, tuant ou blessant 200 soldats du Kentucky et en capturant 700 autres. Toutefois, Proctor perd le contrôle de ses alliés amérindiens qui, anxieux de venger les raids dans leurs villages, poursuivent les soldats du Kentucky sur la rivière Raisin gelée, tuant sauvagement et scalpant des centaines de prisonniers dans l'affrontement le plus disgracieux de cette guerre.

Périple en raquette

La neige et la glace qui envahissent les lacs mettent fin aux hostilités durant les mois d'hiver. La plupart des soldats américains n'ont pas été préparés aux rigueurs de l'hiver canadien. En mars 1813, 600 hommes du 104e régiment du Nouveau-Brunswick arrivent en renfort, après avoir marché en raquettes pendant 52 jours depuis leur province jusqu'à Kingston où se trouve le chantier naval du commodore James Lucas Yeo. Les rumeurs à propos de leur arrivée viennent contrarier le projet d'attaquer Kingston au printemps.

Fabrique un casque de soldat

Tous les soldats de la guerre de 1812, des deux côtés, portaient de hauts casques en feutre rigide, appelés « shako ». (Les shakos américains pouvaient aussi être en cuir.) Ils les ornaient souvent d'un plumeau et d'une plaque de cuivre sur laquelle figurait le nom du régiment.

Ce qu'il te faut :

ciseaux, règle, crayon
colle blanche
crayons ou craies de couleur
outil à rainurer
plusieurs feuilles de papier construction noir

Ce qu'il faut faire*:

1. Trace le rectangle et le cercle de la page 19 sur du papier noir et découpe-les.
2. Applique de la colle sur le long rabat du rectangle. Colle ensuite les deux extrémités de manière à former un cylindre.
3. Applique une légère pression avec l'outil à rainurer au bas des rabats, autour du cercle, et plie-les. Une fois le cylindre complètement sec, pousse délicatement les rabats du cercle à l'intérieur du cylindre. Colle les rabats sur la paroi intérieure du cylindre.
4. Utilise le patron de la page 20 comme guide pour tracer la visière du casque sur du papier noir. Colle les rabats de la visière devant le cylindre, à l'intérieur de celui-ci. (La partie collée se trouve au dos).
5. Découpe la plaque de cuivre. Colore-la en jaune et colle-la sur le devant du casque. Colore le plumeau en rouge et le centre du médaillon en jaune. (Ne colore pas le dos du médaillon.) Colle le plumeau au-dessus de la plaque de cuivre. Ton shako est terminé.

***Ne découpe pas les pages de ce livre!**
Photocopie ou dessine les pages 19 à 22.

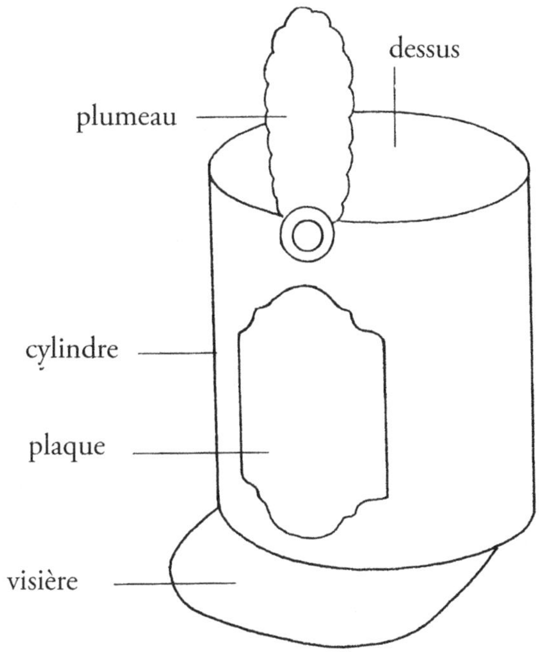
dessus
plumeau
cylindre
plaque
visière

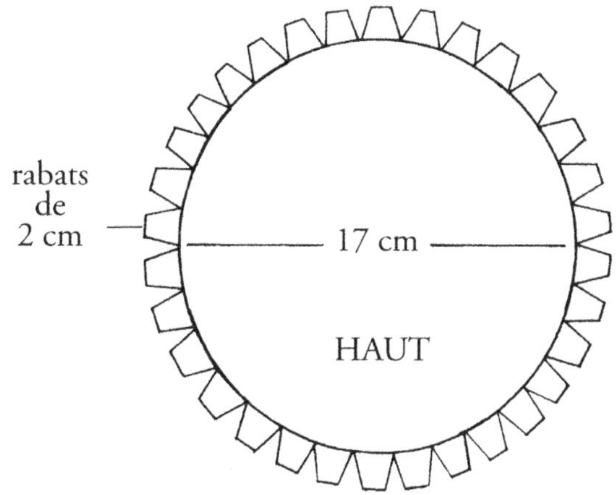
rabats
de
2 cm
17 cm
HAUT

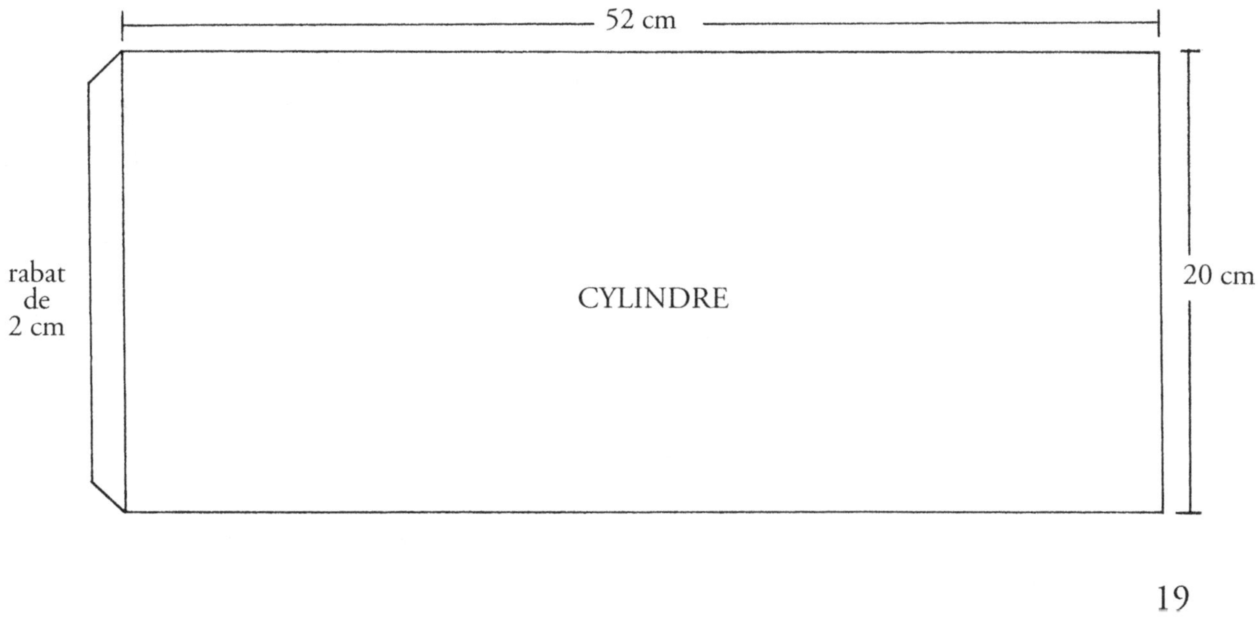
52 cm
rabat
de
2 cm
CYLINDRE
20 cm

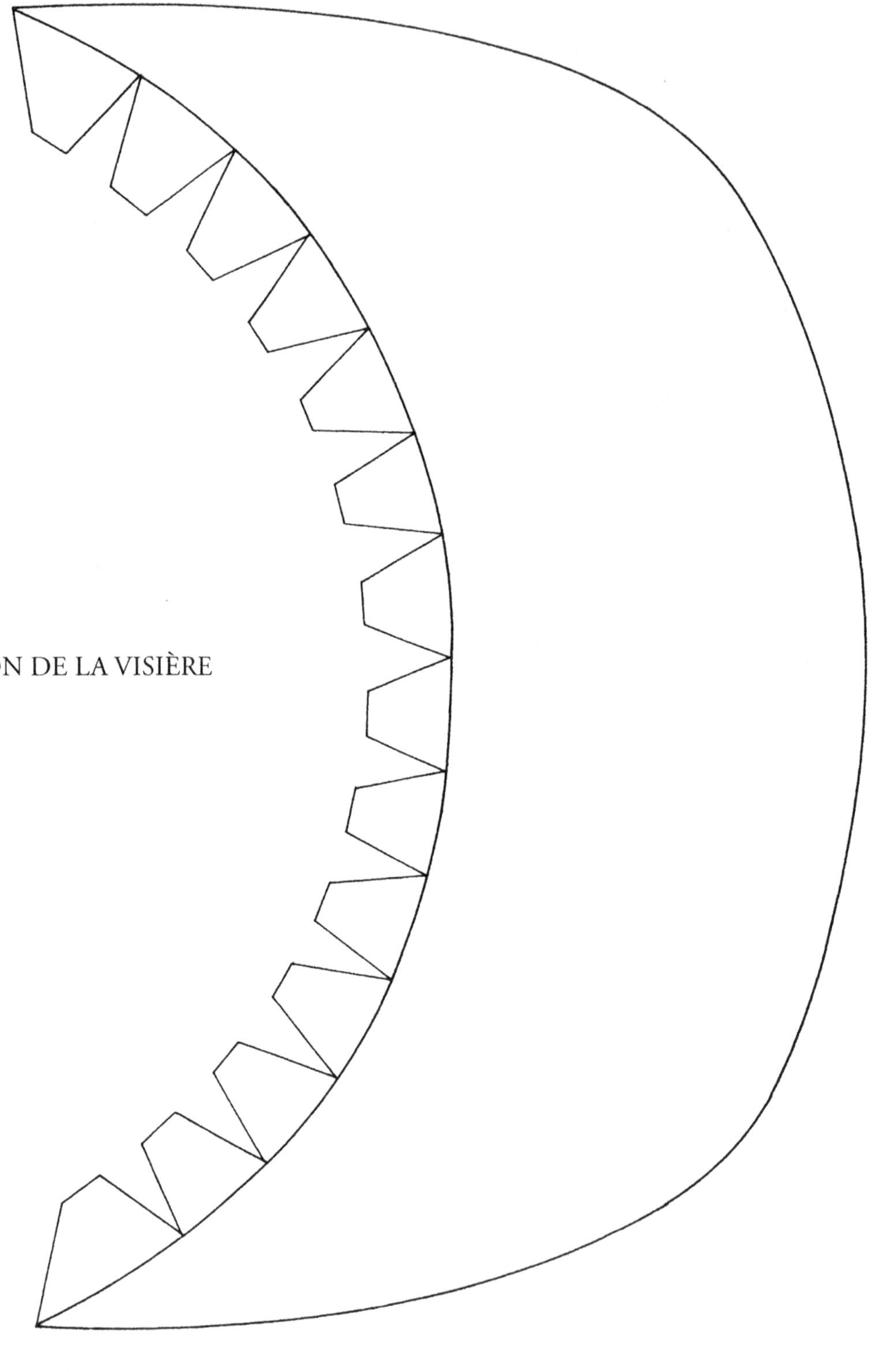

PATRON DE LA VISIÈRE

PLAQUE DE CUIVRE

PLUMEAU

CHAPITRE 2 *Les alliés amérindiens*

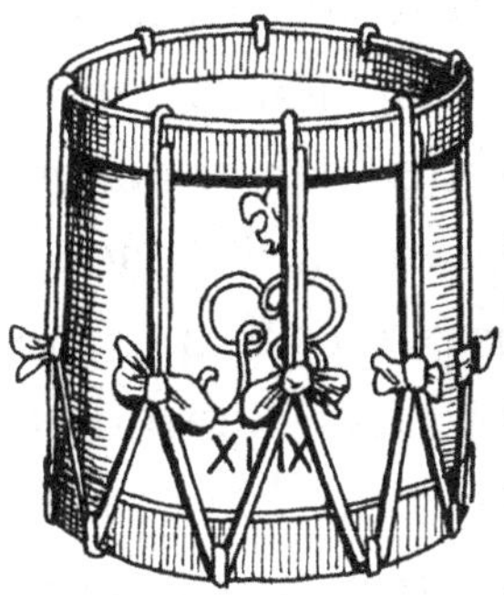

Tecumseh

Sans l'aide des Amérindiens durant la guerre de 1812, le Canada n'existerait peut-être pas aujourd'hui. De nombreux braves provenant de douzaines de tribus ont énormément contribué aux victoires des Canadiens, mais aucun n'a laissé une impression aussi vive que le puissant chef shawnee *Leaping Panther.*

Leaping Panther est né en 1768 dans la vallée de l'Ohio (près de l'actuel Springfield) et a grandi dans le climat des guerres contre les colons blancs. Avant d'avoir atteint l'âge de l'adolescence, il a vu son père, chef de tribu, se faire tuer par un colon américain pour avoir refusé de lui servir de guide de chasse. Après le meurtre de son père, le frère aîné de *Leaping Panther, Cheeseekau* part à l'aventure avec son jeune frère pendant trois ans. Ils chassent le bison avec les Osages puis combattent les colons avec les Cherokees. Au moment où *Cheeseekau* est tué pendant un raid, *Leaping Panther* est déjà devenu un grand chasseur et un brave guerrier. On l'appelle désormais *Tecumseh,* ce qui signifie « qui change de place ».

Tecumseh a également acquis la réputation d'un homme compatissant qui s'oppose fermement à la coutume de torturer et de tuer les prisonniers; celle d'un orateur et d'un chef quand lui-même et son jeune frère, *The Prophet,* demandent à toutes les tribus amérindiennes de s'unir pour arrêter l'avancée des colons américains sur leurs territoires garantis par des traités; celle d'amoureux lorsqu'il fréquente et demande en mariage une jeune fille de 16 ans, Rebecca Galloway, fille d'un colon blanc qui lui a fait connaître la Bible et Shakespeare; et celle d'un politicien lorsqu'il négocie habilement le respect des droits des Amérindiens.

Il devient chef et, en 1808, fonde avec son jeune frère le village de Prophet, près du ruisseau Tippecanoe où il essaie de préserver la culture amérindienne axée sur l'agriculture pacifique et le bannissement de l'alcool destructeur amené par l'homme blanc. Après l'attaque et la destruction de Prophet par le général Harrison, *Tecumseh* rassemble ses alliés amérindiens pour se rendre au Canada et offrir ses services aux colons anglais et français, eux aussi envahis par les États-Unis. Les Britanniques sont ces vieux amis qui ont réservé des terres aux Amérindiens par des traités avant la révolution américaine. Il leur dit : « Voici une chance pour nous, Indiens d'Amérique du Nord, de former une grande nation et de tenter notre chance avec les Britanniques dans cette guerre ». Cette réputation en tant que guerrier attire de nombreuses tribus amérindiennes et le nombre de guerriers à se joindre à lui atteindra plus d'un millier.

La bravoure de *Tecumseh* et sa détermination jouent un rôle important pour la défense du Haut-Canada, et le mode de communication à distance des Amérindiens permet de prévoir les déplacements américains.

Tecumseh rencontre Brock

Les deux grands chefs, *Tecumseh* et Isaac Brock, se rencontrent en personne pour la première fois la veille de l'attaque du général Hull au fort Detroit. Minuit a sonné, et le général est en train d'étudier les plans de bataille à la lueur de la chandelle lorsque la porte s'ouvre brusquement sur le célèbre chef shawnee. *Tecumseh* est magnifique. Il mesure 1,75 mètre et a un visage ovale qui exprime de la douceur. Il a le nez droit et ferme, la peau légèrement brun rouge, des yeux noisette pénétrants et des dents blanches immaculées.

Il a le crâne complètement rasé, sauf pour une longue touffe de cheveux foncés qui ballotte. De son nez pendent deux objets en argent en forme de couronne et il porte autour du cou un gros médaillon représentant le roi George III, suspendu à un wampum coloré. Il porte une tunique en peau de daim tannée, à franges. À son allure majestueuse, Brock le reconnaît d'instinct.

Pour sa part, le général porte sa tunique rouge vif et un pantalon blanc et bleu. Il est chaussé de hautes bottes noires. Les deux chefs s'examinent un instant, puis échangent spontanément une solide poignée de main. Brock décrit *Tecumseh* comme un « guerrier vaillant et clairvoyant », ajoutant : « Il fait l'admiration de tous ». *Tecumseh* dit simplement à ses guerriers : « Ça, c'est un homme! », Brock place *Tecumseh* à la tête des alliés amérindiens.

Tecumseh remet à Brock une ceinture de soie. En échange, ce dernier lui fait don de sa propre ceinture et d'une paire de pistolets.

Tecumseh à la rescousse

Le 1er mai 1813, Henry Proctor, maintenant général, traverse à partir du fort Amherstburg (fort Malden) et bombarde pendant quatre jours le général Harrison et son armée de 1 200 hommes qui ont trouvé refuge dans le fort Meighs où ils disposent de centaines de boulets de canon. Environ 1 500 alliés amérindiens de Proctor encerclent le fort.

Quand le général Green Clay arrive le 5 mai avec 1 500 soldats du Kentucky pour sauver le fort; ils perdent la bataille contre les Amérindiens et 650 d'entre eux se font capturer. Lorsque les braves commencent à tuer et scalper les prisonniers, on dirait bien que le massacre de la rivière Raisin est sur le point de se renouveler. *Tecumseh* arrive sur les lieux et se met en colère, hurlant aux guerriers d'épargner les prisonniers.

Forces en présence durant la guerre de 1812

Milice sédentaire

En 1812, on s'attend à ce que tous les hommes canadiens de 16 à 60 ans se battent pour défendre leur pays, au besoin. Ces hommes sont des civils, qui n'ont jamais vraiment appris à faire la guerre. La plupart n'ont pas d'uniforme et reçoivent souvent la permission de retourner chez eux, entre les batailles, pour s'occuper de leur ferme ou de leur commerce. Ils portent habituellement leurs propres habits civils.

Milice américaine

Les miliciens américains sont des citoyens loyaux qui se battent pour leur pays. Ils portent un uniforme gris et, de façon tout à fait démocratique, élisent parfois leurs officiers. Ils refusent fréquemment de traverser la frontière canadienne durant la guerre, car en vertu des conditions de leur enrôlement, ils doivent protéger leurs propres frontières et non envahir un autre pays.

Il arrive que des Américains qui ont autrefois combattu des Amérindiens craignent ces guerriers en raison de leur habitude de scalper et de torturer leurs ennemis.

Les soldats de l'armée américaine régulière portent leur uniforme bleu traditionnel.

Milice incorporée du Haut-Canada

Ces volontaires, qui n'ont parfois que 14 ans, sont fréquemment issus de familles patriotiques de loyalistes de l'Empire-Uni (anciens résidants de colonies britanniques de la Nouvelle-Angleterre qui ont émigré au Canada après la révolution américaine). Chaque nouvelle recrue qui accepte de se battre jusqu'à la fin de la guerre reçoit une prime de 80 dollars.

Milice du Bas-Canada

Milice d'élite du Bas-Canada (Québec) formée de soldats volontaires de 18 à 25 ans. Ces derniers portent une tunique verte et reçoivent la même solde et le même entraînement que les soldats de l'armée régulière. Ce sont souvent de jeunes rebelles recrutés dans les taudis des villes de Québec et de Montréal.

Unités de la force canadienne

Quelques soldats de la force régulière sont nés au Canada. Ils servent dans des unités comme les *Glengarry Fencibles* qui portent une tunique verte, ou les Voltigeurs vêtus de gris.

Unités de la force britannique

Ces soldats de carrière portent la tunique écarlate britannique. Bien que la plupart aient été dépêchés d'Angleterre, certaines recrues sont nées au Canada. Ils sont la pierre angulaire de nos forces armées en 1812 et comprennent des unités comme le 41e et le 49e régiments.

Les « Tigres verts »

Cette compagnie d'infanterie est composée de soldats choisis avec soin dans le 49e régiment (surnommés *Bloody Boys* à une occasion). Ces derniers sont aux ordres de James FitzGibbon, un imposant et légendaire meneur d'hommes qui se forgera une solide réputation. FitzGibbon les appelle ses « Tigres verts », car pour certaines batailles, ces guérilleros portent un uniforme vert pour se camoufler.

La marine

Lorsque les États-Unis déclarent la guerre, ils attaquent les navires britanniques en mer. Le 19 août 1812, la frégate américaine *Constitution (Old Ironsides)* s'empare de la frégate britannique *Guerrière* à l'est de Boston. Le 29 octobre, le vaisseau américain *United States* capture le britannique *Macedonian,* et le 29 décembre, le *Constitution* l'emporte sur le *Java* au large du Brésil.

Mais en 1813, la marine britannique domine de nouveau en haute mer. Lorsque la frégate britannique *Shannon* élimine le *Chesapeake,* le capitaine américain, mourant, se rend célèbre par ce cri : « N'abandonnez pas le navire! » même si celui-ci est perdu. Le 27 mars 1814, les Britanniques capturent l'*Essex* dans le Pacifique, au large du Chili, et plus tard la même année, immobilisent le dernier navire américain *Constitution* au port, alors qu'entre en vigueur un blocus sur toute la côte Atlantique.

Pendant ce temps, sur les grands lacs intérieurs d'Amérique du Nord, on assiste à des batailles navales isolées alors qu'on s'active à construire des navires de guerre de part et d'autre, dans une course pour se rendre maîtres des cours d'eau intérieurs. Le chantier naval américain du lac Ontario se trouve à Sackets Harbor alors que le port de Kingston, dans le Haut-Canada, est la principale base navale britannique. Sur le lac Érié, on construit des navires à Presque Isle aux États-Unis et à Amherstburg dans le Haut-Canada. Anglais et Américains construisent également des navires sur le lac Champlain en aval du Bas-Canada. À certaines occasions, des foules se rassemblent le long des rives pour observer les combats, un peu comme on le fait pour les compétitions sportives de nos jours.

Les dragons

Parmi les batailles les plus audacieuses et les plus romantiques de 1812 figurent celles des dragons, cavaliers du type mousquetaire, qui parcourent au galop les sentiers forestiers du Haut-Canada, faisant des incursions chez l'ennemi, souvent à la faveur d'une nuit obscure.

Du côté canadien, on retrouve les Dragons légers provinciaux commandés par le jeune William Merrit, qui n'a que 20 ans. Ces derniers portent l'uniforme bleu des dragons britanniques, ce qui leur donne l'avantage sur leurs ennemis confus qui peuvent les prendre pour des Américains, également vêtus de bleu. Il arrive fréquemment qu'amis et ennemis se tiennent au chaud en revêtant par dessus leur uniforme un long manteau gris. En « terrain neutre » dans la péninsule du Niagara, il est alors impossible de savoir si on a affaire à un ami ou un ennemi.

Du côté américain, on les appelle les « Sauvages de Chapin », car ils ont à leur tête le docteur Cyrenius Chapin.

Les volontaires canadiens

Les 250 hommes de *King Joe* Willcock se donnent le nom de « Volontaires canadiens ». Le groupe se compose surtout de colons nouvellement arrivés des États-Unis ou qui sympathisent avec l'invasion américaine. Leur chef, le traître *King Joe,* a combattu aux côtés d'Isaac Brock à Queenston, mais a changé de camp après la capture et l'incendie de York par les Yankees. Ces volontaires portent des insignes blancs et des rubans verts à leur chapeau.

Les femmes

Un certain nombre d'épouses ont l'autorisation d'habiter dans les forts et les tentes avec leur mari et leurs jeunes enfants. Elles font la cuisine, nettoient et les soignent.

Il arrive que les femmes aillent chercher les blessés sur le champ de bataille et, après la victoire, qu'elles aillent récupérer des objets de valeur ou des vêtements sur les cadavres ennemis.

Si un combattant se fait tuer, son épouse et ses enfants sont abandonnés. Celle-ci doit retourner à Québec ou Montréal où elle reçoit des rations pendant trois mois, puis doit décider si elle retournera en Grande-Bretagne ou restera au Canada sans rations.

• À RÉALISER SOI-MÊME •

Peinture de guerre

Les diverses tribus qui combattaient dans les deux camps durant la guerre de 1812 portaient des vêtements, des peintures de guerre et des coiffures qui les distinguaient les unes des autres autant que les uniformes distinguaient les armées. Pour guerroyer, les Amérindiens s'ornaient le visage et le corps de motifs de couleur, en partie pour effrayer l'ennemi et en partie en guise de talisman qui les protégerait au combat. Certains braves se couvraient complètement le visage et le corps de charbon noir et de marques blanches. D'autres s'enduisaient d'ocre rouge et d'autres enfin préféraient se peindre des motifs sur le corps à l'argile bleu.

Ce qu'il te faut :

Un ensemble de peinture pour le visage, que tu trouveras dans un magasin de jouets ou une boutique d'accessoires pour les fêtes (le genre de peinture utilisée pour peindre les visages de clown aux fêtes d'anniversaire).

Ce qu'il faut faire :

1. Imagine quel motif tu veux dessiner. Les guerriers amérindiens optaient souvent pour des bandes de couleur ou des formes symétriques comme des triangles, des cercles ou des losanges.
2. Applique la peinture selon les directives sur l'emballage.
3. Regarde le visage des autres! Qui a l'air le plus féroce? le plus sérieux? le plus drôle?
4. Lave-toi le visage et nettoie les dégâts.

CHAPITRE 3

Batailles navales sur les Grands Lacs

Sir James Lucas Yeo

Ceux qui se rendront maîtres des lacs et des rivières gagneront la guerre. Durant la première année de la guerre de 1812, les Américains ne connurent que des défaites. Ceci est partiellement attribuable au fait que la seule méthode fiable de transport est par voie d'eau. Les commerçants de la traite des fourrures utilisent des canots rapides qui peuvent transporter les soldats et le ravitaillement plus vite quand les Britanniques dominent les Grands Lacs. Les quelques routes existantes ne sont que des sentiers de terre qui traversent d'épaisses forêts et se transforment vite en mare boueuse par mauvais temps. C'est par bateau qu'il faut transporter les soldats, les canons et les provisions.

Sans moyens de communication et de transport rapides, les Américains étaient désavantagés. Toutefois, la situation change en 1813. L'enjeu se déplace vers la construction navale. À Sackets Harbour, les chantiers navals yankees grouillent d'activités, car on y construit des navires de guerre. De même de l'autre côté du lac Ontario, à Kingston et York, les constructeurs de bateaux canadiens ne chôment pas.

Le 12 mars 1813, sir James Yeo est nommé commodore des escadrons de l'armée royale sur les lacs. Svelte, l'homme est un bel officier de 30 ans qui a été promu lieutenant à l'âge de 15 ans seulement en reconnaissance de ses mérites. Son vis-à-vis aux commandes de la flotte américaine est le commodore Chauncey, qui dispose de gros canons à longue portée qui lui donnent l'avantage par temps calme. Les navires de Yeo l'avantagent pour sa part par mauvais temps, en combat rapproché. Les gains sur le lac Ontario alternent d'un à l'autre.

Incendie de York

Le 26 avril 1813, la flotte américaine du commodore Chauncey, qui compte 14 navires, transporte une grande armée d'envahisseurs. Elle traverse le lac Ontario dans le dessein d'attaquer York (aujourd'hui Toronto), la capitale du Haut-Canada. Henry Dearborn est officiellement aux commandes de la force américaine. Surnommé *Granny* par certains de ses propres soldats, il est souvent malade et si obèse qu'il a du mal à se tenir debout. Le général de 160 kg doit souvent se faire aider de plusieurs soldats pour embarquer dans un canot ou monter sur un cheval. Il reste sur son navire. Pour diriger l'assaut à sa place, il envoie Zebulon Pike, nouveau brigadier-général et célèbre explorateur américain (Pike Peak). Bien que le général Pike remporte la première victoire des Américains sur le Haut-Canada, il perd la vie dans l'explosion d'un dépôt de munitions. Le nombre de Canadiens et de Britanniques tués s'élève à 62, et 76 sont blessés. Chez l'ennemi, 300 Américains sont tués ou blessés.

L'officier britannique, le général Sheaffe, qui est sorti victorieux des hauteurs de Queenston, se replie avec ses troupes à Kingston, laissant un simple milicien inexpérimenté, l'ecclésiastique canadien, né en Écosse, John Strachan, traiter des conditions de la reddition américaine.

L'armée américaine respecte habituellement la propriété privée, mais Dearborn ne peut pas toujours retenir ses miliciens. Toute la nuit, ces derniers pillent et incendient la capitale du Haut-Canada, y compris les bâtiments administratifs. L'église de Strachan est également pillée. La tourmente se poursuit pendant trois jours d'occupation. Lorsqu'on informe Chauncey de l'arrivée du commodore Yeo et de la flotte canadienne à Kingston, l'armée américaine remonte à bord de ses navires pour aller prendre d'assaut le fort George, quittant le fort York en ruine et les édifices du gouvernement en cendres.

Capture du fort George

Après l'incendie et le pillage de York, l'armée américaine fait voile vers le fort George, défendu par environ 600 soldats de l'armée régulière. Le 27 mai 1813, le major-général Dearborn lance une offensive à la tête d'environ 3 000 soldats et de 16 navires de guerre commandés par Chauncey. Comme d'habitude, Dearborn reste à bord de son navire et envoie son second diriger l'attaque.

Le brigadier-général John Vincent défend le fort et, après une brève bataille contre un ennemi supérieur en nombre, il se dit que toute résistance est vaine et qu'il vaut mieux sauver la vie de ses hommes en prévision d'autres affrontements. Il ordonne de faire exploser les dépôts de munitions et de battre en retraite en laissant le fort aux Américains.

Celui qui dirige l'attaque est un jeune officier américain fougueux, le colonel Winfield Scott. Surgi des flammes, il ne songe qu'à pourchasser les tuniques rouges en fuite, mais Dearborn l'arrête.

Bataille du lac Érié

Le 10 septembre 1813, la nouvelle flotte du commodore Perry, composée de neuf navires américains, sort de Presque Isle pour défier les six vaisseaux du capitaine « manchot », Robert Barclay, dans le dessein de se rendre maître du lac Érié. La force de tir de Perry est deux fois supérieure à celle de Barclay, mais les canons de ce dernier ont une plus longue portée. Dès la matinée, les bombardements fusent des deux côtés jusqu'en après-midi, dans une bataille acharnée.

Le vaisseau amiral de Perry, le *Lawrence,* est coulé, mais Perry rame jusqu'à un autre brick américain, le *Niagara,* dont il prend les commandes à la place du capitaine Elliott qu'il soupçonne de se tenir à l'écart de la bataille en raison d'une rancune personnelle. La contre-offensive de Perry permet de capturer toute la flotte britannique, y compris le navire de Barclay, le *Detroit.* Perry tient le lac Érié. Il fait parvenir un message au général Harrison : « Nous avons rencontré l'ennemi et nous l'avons capturé ».

BATAILLE SUR LE LAC ÉRIÉ
10 septembre 1813

FRÉGATE BRITANNIQUE

Les batailles sur les lacs

26 avril 1813 : Attaque et incendie de York (Toronto) par la flotte américaine.

6 mai 1813 : Arrivée à Kingston du commodore Yeo et de 150 hommes partis de Montréal, d'où il envoie le capitaine James Barclay à Amherstburg commander la flotte canadienne sur le lac Érié. Le capitaine Barclay a un bras amputé.

25 mai 1813 : Arrivée de renforts pour défendre Sackets Habour. L'escadron de Chauncey fait voile vers Niagara où la flotte américaine bombarde le fort George du côté canadien, en vue d'une offensive.

27 mai 1813 : La flotte américaine de Chauncey, qui compte 16 navires de guerre et 3 000 soldats de l'armée de Dearborn, contre 600 défenseurs, attaque et capture le fort George. Les Britanniques et les Canadiens se replient sur les hauteurs de Burlington.

29 mai 1813 : Après sa victoire à fort George, retour précipité de Chauncey à Sackets Harbour attaqué par la flotte de Yeo qui a débarqué avec 1 200 soldats à la base navale américaine, et les force à battre en retraite.

Juin 1813 : Le tout nouveau navire britannique *Wolfe* donne l'avantage à Yeo. Les Canadiens tiennent momentanément le lac Ontario.

20 juillet 1813 : Sortie du nouveau navire *Pike* sur le lac Ontario.

30 juillet 1813 : Nouvelle attaque et incendie de York par la flotte américaine.

2 août 1813 : L'escadron de Yeo quitte Kingston et, à l'aube du 7 août, rattrape la flotte américaine ancrée au large de Niagara.

8 août 1813 : Naufrage de deux navires américains, le *Hamilton* et le *Scourge*, surpris par une tempête soudaine sur le lac Ontario. Ce fut la plus importante perte de vie au cours d'un seul événement durant la guerre de 1812.

10 août 1813 : Capture par Yeo de deux goélettes de Chauncey, la *Julia* et le *Growler.*

Fin août 1813 : Les deux escadrons se poursuivent pendant deux semaines autour du lac Ontario. Le *Wolfe* et le *Pike* sont tous deux endommagés.

10 septembre 1813 : Bataille du lac Érié : le commodore américain Perry remporte un combat naval contre Barclay. Les Américains tiennent le lac Érié et reprennent le fort Detroit.

Fin avril 1814 : La marine britannique détruit ou immobilise toute la marine américaine sur les côtes de l'Atlantique et impose un blocus.

14 août 1814 : Lancement du *St. Lawrence;* Yeo s'empare du lac Ontario.

24 et 25 août 1814 : Attaque et incendie de Washington par la flotte britannique sur l'Atlantique, en représailles contre l'incendie de York.

3 au 6 septembre 1814 : Capture des vaisseaux américains *Tigress* et *Scorpion* par les Canadiens de l'île Mackinac (fort Michilimackinac) qui se rendent maîtres du lac Huron.

10 septembre 1814 : Bataille du lac Champlain. La flotte américaine est victorieuse.

Marchand ou pirate?

Samuel Cunard, natif d'Halifax, est le fils d'un charpentier devenu millionnaire qui a fondé l'une des plus célèbres compagnies de construction navale du monde. Durant la guerre de 1812, le marchand de 25 ans réussit à convaincre le lieutenant-gouverneur de la Nouvelle-Écosse de le laisser commercer avec les colonies américaines ennemies de la côte de l'Atlantique. Au même moment, il appuie un corsaire de Nouvelle-Écosse qui capture et pille des navires yankees.

Mort de Tecumseh

Lorsque la flotte britannique fut capturée sur le lac Érié, les tuniques rouges et leurs alliés amérindiens furent forcés de quitter Detroit pour se réfugier à Moraviantown sur la rivière Thames dans le Haut-Canada. C'est à la bataille de la Thames, le 5 octobre 1813, qu'une force britannique de 900 hommes, sous les ordres du général Proctor, et de 500 Amérindiens menés par Tecumseh, tenta de ralentir l'armée de Harrison qui comptait 3 500 soldats.

La bataille était perdue d'avance. Tecumseh dit à ses braves : « Mes frères, nous livrerons aujourd'hui une bataille qui sera ma dernière ». Il perdit la vie durant cette bataille, comme il l'avait prédit.

Même s'ils étaient alliés, Proctor et Tecumseh n'étaient pas amis. Le chef amérindien appelait Proctor « un chien fuyant » parce qu'il avait battu en retraite à Detroit. Proctor, dont la faiblesse en tant que meneur d'hommes avait été partiellement responsable du massacre de la rivière Raisin, s'enfuit après sa défaite sur la Thames, effrayé par les féroces soldats du Kentucky dont le cri de ralliement était : « Souvenez-vous de la rivière Raisin! » Il fut disgracié, traduit en cour martiale et suspendu.

• À RÉALISER SOI-MÊME •

Nœuds de marin

Tout marin devait apprendre à faire des nœuds et savoir à quoi ils devaient servir. Le sort du navire et la vie de l'équipage en dépendaient.

Ce qu'il te faut :

Trois bouts de corde de 1 à 1,5 mètre de longueur. Deux d'entre elles doivent être de la même grosseur (environ 1,5 cm), et l'autre plus petite (environ 1 cm).

Ce qu'il faut faire :

Suis les directives des deux prochaines pages pour apprendre comment faire des nœuds de marin. Quelques-uns seulement sont illustrés ici, mais il existe un très grand nombre de nœuds utiles sur un navire.

1. LE NŒUD PLAT est le plus utilisé pour attacher ensemble deux cordes de la même grosseur. Il est facile à défaire.
2. LE NŒUD D'ÉCOUTE sert à attacher ensemble deux cordes de différentes grosseurs.
3. LE NŒUD DE CHAISE est très important. Il permet de former une boucle solide. On s'en sert pour amarrer une embarcation à un poteau d'embarcadère.
4. LA DEMI-CLÉ sert à attacher une corde à un mât.
5. LE NŒUD D'ANGUILLE sert à tirer des billots.

NŒUD PLAT

NŒUD D'ÉCOUTE

NŒUD DE CHAISE

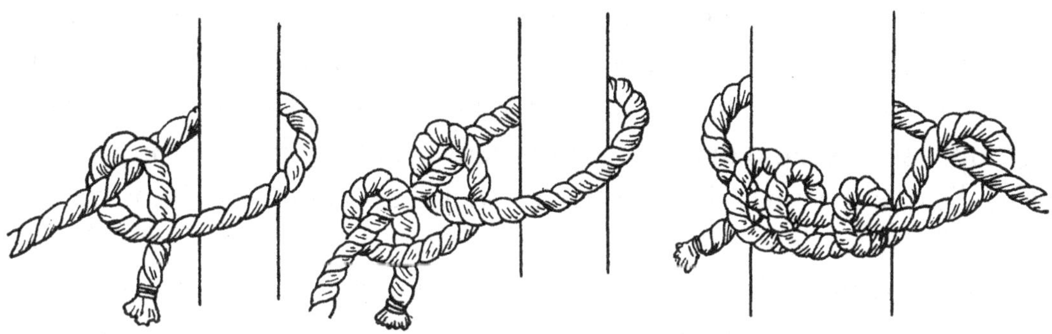

DEMI-CLÉ NŒUD D'ANGUILLE

CHAPITRE 4 *De braves adolescents*

Billy Green

Bien que ce soient généralement des politiciens ambitieux et de vieux généraux qui déclenchent les guerres, ce sont de jeunes hommes et des garçons innocents qui, le plus souvent, s'affrontent dans les combats et y perdent la vie. La guerre de 1812 ne fait pas exception à la règle. Dans les deux camps, de nombreux adolescents figurent parmi les combattants, dont certains à peine âgés de 14 ou 15 ans.

Au printemps 1813, la nouvelle offensive américaine menace de s'emparer de la péninsule de Niagara et de tout le Haut-Canada. La ville de York a été prise d'assaut et incendiée, le fort George et le fort Érié ont été conquis et Queenston est occupée alors que 3 000 Américains avancent par voie de terre vers une poignée de défenseurs, soit la petite armée de Vincent composée de 700 soldats réguliers regroupés sur les hauteurs qui surplombent la baie de Burlington (Hamilton).

On dit que le jeune Billy Green, le cadet d'une famille de sept frères et sœurs, connaît bien ces denses forêts de l'escarpement de Niagara où il a chassé et pêché durant toute son enfance. Il peut traverser rapidement et furtivement les vastes régions sauvages des environs de la cabane familiale à flanc de coteau surplombant le village de Stoney Creek.

Pendant que les Américains traversent à pied le tout petit village de Stoney Creek, ils s'emparent d'Isaac Corman, le beau-frère de Billy, et le gardent prisonnier. Plus tard, Isaac réussit à convaincre le major américain de son appui à l'invasion américaine et, par conséquent, non seulement le libère-t-on, mais on lui révèle le

mot de passe du jour pour qu'il puisse s'identifier comme ami au cas ou d'autres soldats américains l'interpelleraient sur le chemin du retour vers Stoney Creek. Le mot de passe est une version abrégée du nom du général américain, William Henry Harrison, « Wil Hen Har ». Lorsqu'Isaac le divulgue à Billy, le jeune homme brillant réalise immédiatement que ce renseignement peut être des plus utiles aux troupes britanniques et canadiennes en poste à Burlington.

D'abord au galop, monté sur son cheval *Tip*, et ensuite à pied, Billy s'empresse d'aller dévoiler le mot de passe au lieutenant-colonel John Harvey. Pour Harvey, qui a déjà décidé de faire une incursion éclair de nuit contre les troupes américaines, ce mot de passe est d'une valeur inestimable. Lorsque Billy mentionne qu'il connaît également la route vers le campement des Yankees, Harvey lui donne une épée de caporal et lui demande de les guider. Au milieu de la nuit, sur une distance de 11 km, Billy escorte les forces militaires canadiennes dans ces forêts obscures.

En arrivant au camp américain où tous sont endormis, Billy supprime la première sentinelle au moyen du mot de passe secret et de sa nouvelle épée. Le camp retentit de coups et de cris alors que les tirs de mousquet et les coups de canon se font entendre. Les cris de guerre des Amérindiens et les hurlements des mourants ajoutent au chahut. Dans la nuit noire et dans la confusion, les soldats tirent sur leurs camarades et Vincent, le commandant britannique, est isolé du groupe et se perd. À l'aube, les Américains prennent la fuite. Cent soldats sont capturés, y compris le commandant américain, le brigadier-général John Chandler, son commandant adjoint, William Winder, et quatre de leurs six canons.

Bien à l'abri au fort George, dont il s'est emparé, Dearborn ordonne un deuxième assaut sur Stoney Creek, sous le commandement de Morgan Lewis. Mais lorsque sir James Yeo et la flotte britannique arrivent à l'embouchure de la rivière Niagara, Dearborn s'empresse d'envoyer un autre message à Morgan pour qu'il revienne sans tarder les aider à défendre le fort. La flotte de Yeo remonte jusqu'au ruisseau

CANON
D'ARTILLERIE
LÉGÈRE

Forty Mile et s'empare de tout le matériel et des provisions abandonnées par Lewis.

Juste avant la bataille de Stoney Creek et avant l'acte de bravoure du jeune homme de 19 ans, Billy Green, les Canadiens se préparaient à évacuer la péninsule de Niagara et à se replier à Kingston. Maintenant qu'ils ont battu une force militaire trois fois plus imposante que la leur, les Canadiens sont de nouveau prêts à attaquer. Les Américains abandonnent le fort Érié après l'avoir incendié. Dans la confusion, ils abandonnent leurs positions sur la rivière Niagara. Cet hiver-là, les Américains seront également forcés de quitter le fort George et de retourner en sol américain.

Marchand de beurre ambulant

Avant la bataille de Stoney Creek, James FitzGibbon des « Tigres verts » se déguise en marchand de beurre ambulant et circule librement parmi les troupes américaines où il tente d'évaluer leur nombre et leur force militaire tout en vendant sa marchandise. Plus tard, il se vantera d'avoir vendu son beurre à un bon prix!

Les batailles sur terre

18 juin 1812 : Les États-Unis déclarent la guerre.

1. **12 juillet 1812 :** Le général Hull envahit le Canada.
2. **16 juillet 1812 :** Le capitaine Roberts s'empare du fort Michilimackinac sur l'île Mackinac.
3. **16 août 1812 :** Le général Hull abandonne le fort Detroit.
4. **13 octobre 1812 :** Bataille des hauteurs de Queenston. Mort de Brock.
5. **19 janvier 1813 :** Massacre de la rivière Raisin.
6. **22 février 1813 :** Capture d'Ogdensburg, New York.
7. **26 avril 1813 :** Le général Dearborn attaque et brûle York.
8. **5 mai 1813 :** Proctor et Tecumseh attaquent le fort Meigs.
9. **27 mai 1813 :** Le général Dearborn capture le fort George.
10. **5 juin 1813 :** Bataille de Stoney Creek.
11. **21 juin 1813 :** Bataille de Beaver Dams.
12. **5 octobre 1813 :** Bataille de la Thames.
13. **25 octobre 1813 :** Bataille de Châteauguay.
14. **11 novembre 1813 :** Bataille de la ferme de Crysler.
15. **5 juillet 1814 :** Bataille de Chippawa.
16. **25 juillet 1814 :** Bataille de Lundy's Lane.
17. **14 août 1814 :** Le général Drummond attaque le fort Érié.
18. **19 octobre 1814 :** Bataille de Cook's Mills.
19. **11 septembre 1814 :** Bataille du lac Champlain.

24 décembre 1814 : Le traité de Ghent met fin à la guerre.
8 janvier 1815 : Bataille de la Nouvelle-Orléans.

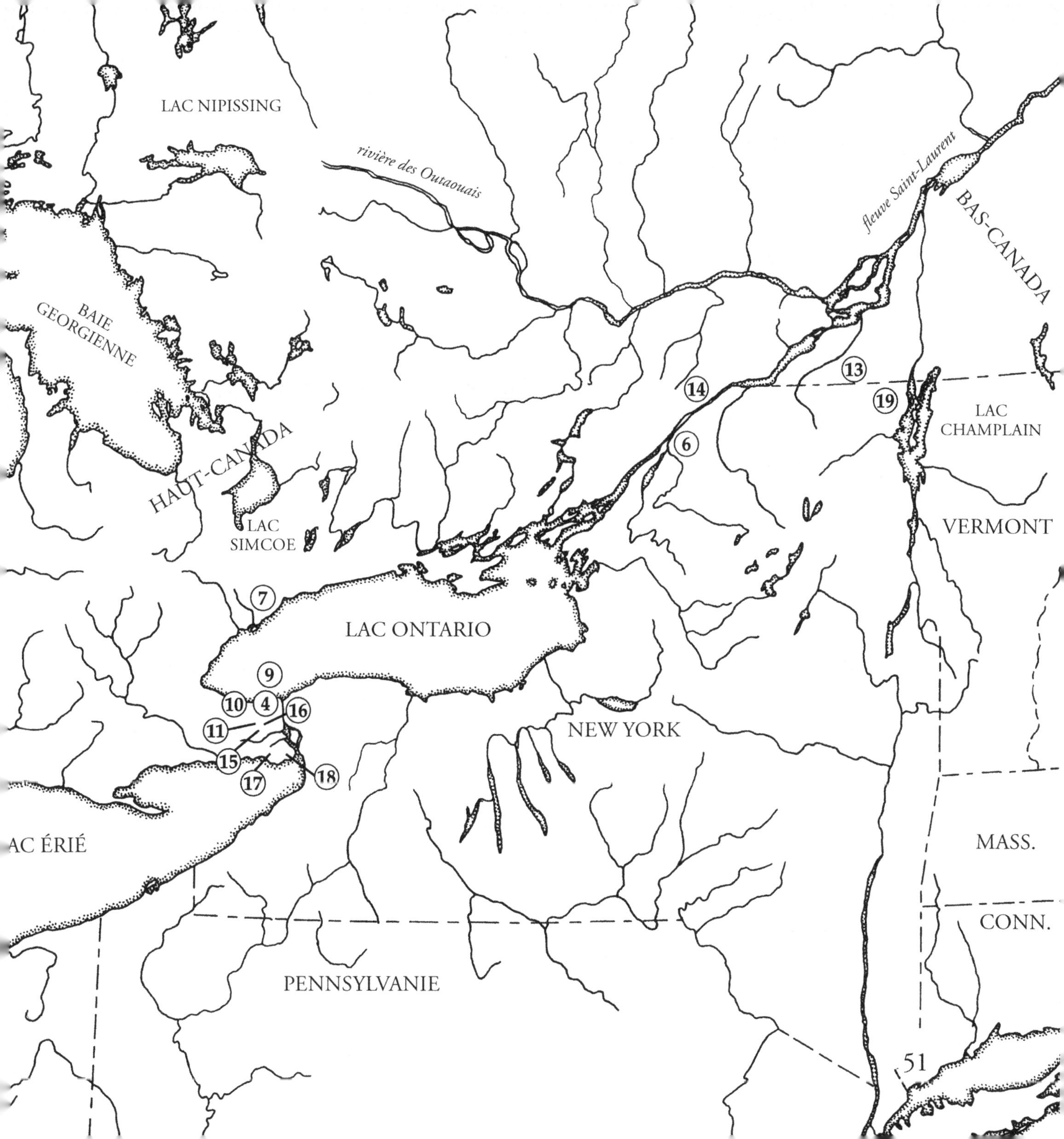
LAC NIPISSING
rivière des Outaouais
fleuve Saint-Laurent
BAS-CANADA
BAIE GEORGIENNE
HAUT-CANADA
LAC SIMCOE
LAC CHAMPLAIN
VERMONT
LAC ONTARIO
NEW YORK
MASS.
CONN.
AC ÉRIÉ
PENNSYLVANIE
13
14
19
6
7
9
10
4
16
11
15
17
18

Le siège (jeu de la guerre de 1812)

Objectif :

L'**attaquant** doit éliminer tous les **défenseurs** sans perdre lui-même tous ses soldats, et ce, en 30 coups. S'il reste des soldats dans le fort, celui-ci est sauvé et les défenseurs gagnent, même s'il reste encore des soldats en dehors du fort.

Ce qu'il te faut :

un dé
35 défenseurs
70 attaquants
(Tu peux colorer des cure-dents ou utiliser de petits bouts de papier pour représenter les soldats.)

Ce qu'il faut faire :

1. Photocopie le fort de la page 53, ou utilise un petit pot de cure-dents.
2. Place 35 défenseurs dans le fort.
3. Place 70 attaquants autour du fort.
4. C'est l'attaquant qui lance le dé le premier. Le défenseur lance le dé à son tour. La différence entre les deux résultats est le nombre de soldats que le joueur perdant (qui a eu le résultat le plus bas) doit retirer du jeu.

Exemple : L'attaquant a eu un 6 et le défenseur un 4. Il faut enlever deux soldats du fort, ou en barrer deux de la carte de pointage. (Tu peux inscrire les chiffres obtenus aux lancements de dé sur la carte de pointage de la page 54.)

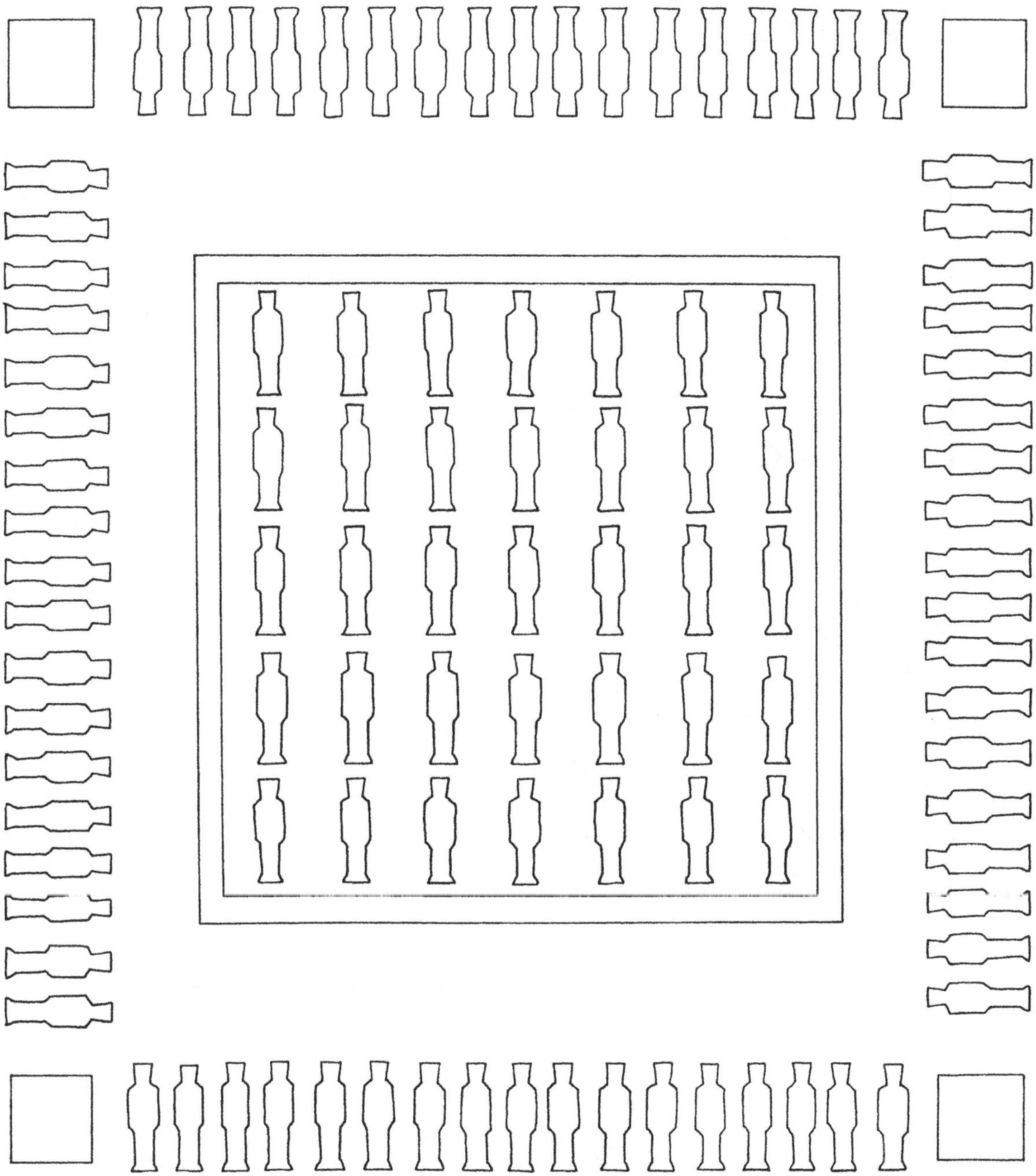

Carte de pointage

1	2	3	4	5
6	7	8	9	10
11	12	13	14	15
16	17	18	19	20
21	22	23	24	25
26	27	28	29	30

Poème épique canadien-français

Souvenir de Châteauguay

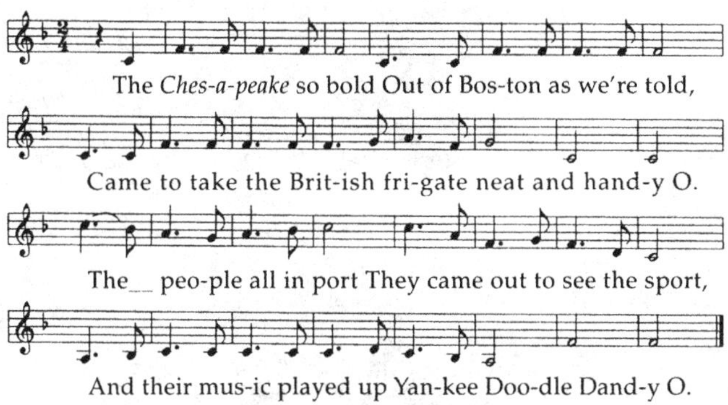

Un jour que l'ennemi traversait la frontière
Et plantait ses drapeaux dans nos humbles sillons,
Se ralluma soudain la vaillance guerrière
Des anciens Canadiens à l'appel des clairons.
Comme au temps de la Grèce héroïque et sublime,
On vit trois cents héros qui bravaient sa fureur,
Se dresser devant lui d'un élan magnanime
Et le vaincre en marchant au chemin de l'honneur.

Ce jour est immortel. Il brille dans l'histoire,
Il reste comme exemple à nos petits-enfants,
Il a clos noblement nos anciens jours de gloire.
Rien qu'à son souvenir nos coeurs sont
triomphants!

Gardons avec amour, pour l'honneur de la race,
Du brillant Chateauguay le renom glorieux.
Que dans notre pays jamais il ne s'efface,
Que partout on l'ajoute aux exploits des aïeux!

Brave Salaberry, tes compagnons fidèles
Ne comptaient pas leur vie en face du danger.
Ils combattaient pour Dieu, le pays et les belles,
Et, tout naïvement, ils savaient s'illustrer.
Quel exemple pour nous que ce patriotisme!
Le dévouement du peuple aura toujours son prix.
Heureux si nous pouvons imiter l'héroïsme
Qu'il a su déployer en sauvant le pays.

Benjamin Sulte, *Chants Nouveaux*, Ottawa, Imprimerie du journal « Le Canada », 1880.

CHAPITRE 5 *Une héroïne du Haut-Canada*

Laura Secord

Lorsque nous pensons aux guerres d'autrefois, nous imaginons de braves, hardis et jeunes héros qui se battent pour défendre leur patrie. Le personnage le plus célèbre de la guerre de 1812 est pourtant une femme d'âge moyen, mère de cinq enfants.

Laura Secord est née en 1775 dans la colonie britannique du Massachusetts, mais sa famille a déménagé au nord après la révolution américaine contre les Britanniques. Toute la famille s'est installée dans le Haut-Canada, comme des milliers d'autres restées loyales à la Couronne et qu'on appelle les loyalistes de l'Empire-Uni. Son père, Thomas Ingersoll, est resté seul avec quatre filles au décès de son épouse. L'aînée, Laura, n'a que huit ans. On s'attend pourtant à ce qu'elle s'occupe de ses jeunes sœurs. La tâche s'alourdit davantage lorsque son père se remarie et que la famille s'agrandit. Thomas se voit octroyer une concession (le site actuel d'Ingersoll en Ontario) et ouvre une taverne à Queenston, dont Laura s'occupe et où elle rencontre James Secord. Le jeune couple, qui se marie en 1798, vit heureux jusqu'à la déclaration de la guerre en 1812. Ils ont cinq enfants, deux servantes, une belle demeure et un magasin prospère où ils vendent des appareils ménagers et des vêtements pour dame.

Lors de la bataille des hauteurs de Queenston, Laura apprend que son mari, qui est sergent dans les forces canadiennes, s'est fait blesser sur le champ de bataille et crie son nom. Elle se précipite sur les hauteurs à la recherche de son mari parmi les cadavres, jusqu'à ce qu'elle le trouve au bord d'une falaise. Il est blessé au genou et au bras, incapable de s'enfuir. Il saigne abondamment d'une épaule et Laura déchire un bout de son jupon pour appliquer de la pression sur la blessure et arrêter l'hémorragie. La légende veut que, pendant qu'elle s'occupait de son mari, elle vît trois soldats américains approcher, tuant des Canadiens blessés qui gisaient impuissants sur le champ de bataille. Au moment où un des soldats leva la crosse de son fusil au-dessus de la tête de James, Laura se jeta devant son mari sans défense, suppliant les soldats de la tuer à sa place. Pendant que ces derniers, surpris, hésitaient, un officier américain, le capitaine Wool, arriva sur les lieux et ordonna à ses hommes de laisser Laura ramener James à Queenstown, où leur maison avait été saccagée et leur magasin vidé de tout ce qui avait de la valeur.

En mai 1813, les Américains occupent Queenston dans un nouvel effort de s'emparer du Haut-Canada. Les Secord et leurs cinq enfants sont confinés à la cuisine et à une petite chambre de leur propre maison, parce que les officiers américains ont réquisitionné celle-ci.

Les officiers prennent l'habitude de demeurer à la table de la salle à manger après que Laura ait servi le repas, pour discuter de la guerre. Le 21 juin, un invité spécial mange avec eux. C'est le colonel Boerstler, commandant des forces américaines à Queenston. Après le souper, les Secord écoutent secrètement le Dr Cyrenius Chapin, chef des dragons yankees, décrire un plan pour diriger une attaque-surprise contre les « Tigres verts » du lieutenant-colonel FitzGibbon à Beaver Dams. Une victoire permettrait aux Américains de se rendre maîtres de toute la péninsule de Niagara.

Il faut que quelqu'un avertisse FitzGibbon, et puisque James ne peut toujours pas marcher à cause de sa jambe blessée, Laura insiste pour y aller. Elle se glisse dehors au milieu de la nuit.

Pour éviter de rencontrer des soldats américains, elle s'enfonce dans des forêts hostiles peuplées de serpents à sonnettes, de loups et de chats sauvages. Elle arrive le lendemain matin à St. David où elle est rejointe par sa jeune nièce, Elizabeth. Mais

LAURA SECORD

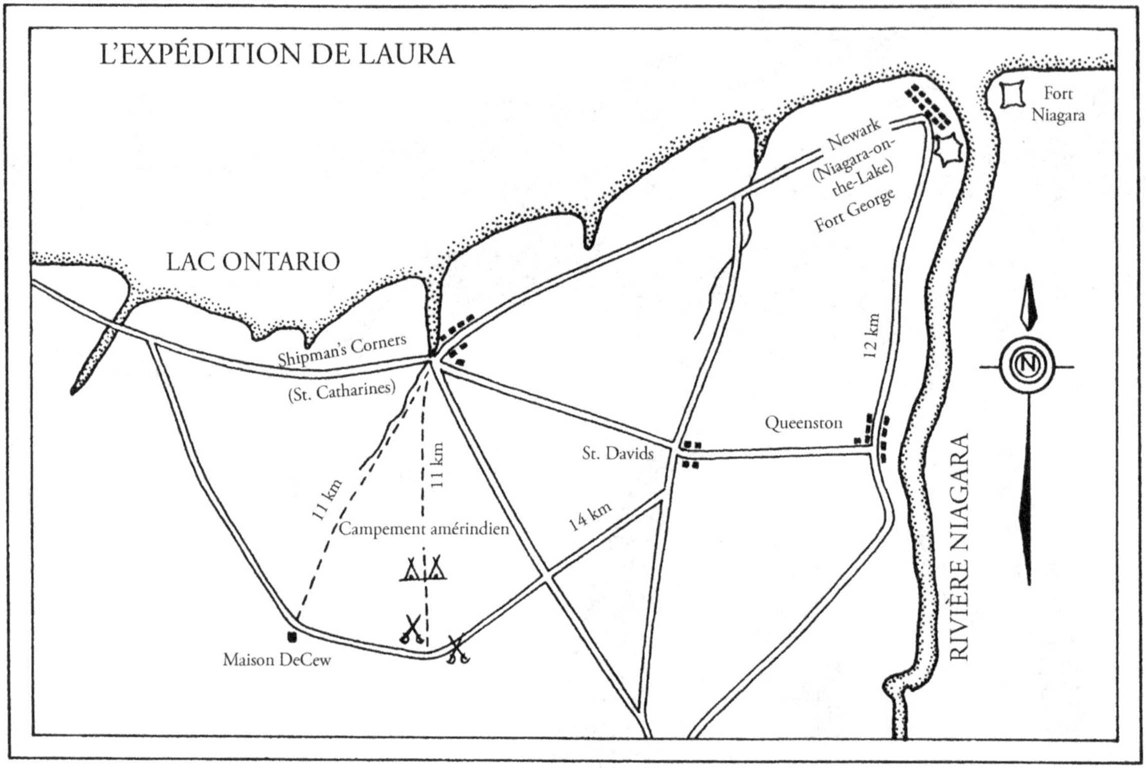

l'adolescente rebrousse chemin, trop épuisée pour continuer. L'excursion est fort exigeante, mais la femme de 38 ans, Laura Secord, poursuit sa route, seule à travers les marécages sombres et les fourrés denses, sous un soleil de plomb. Ses souliers sont usés et elle a les pieds meurtris et enflés.

Elle atteint Shipman's Corners (aujourd'hui St. Catharines) puis repart pour la maison DeCew, quartier général de James FitzGibbon, qui se trouve encore à 11 kilomètres de là. À la tombée de la nuit, elle traverse le ruisseau Twelve Mile sur un arbre mort, puis s'arrête, horrifiée. Des Amérindiens, grimés de leurs effrayantes peintures de guerre, tomahawks en main, sortent de la forêt et l'encerclent. Elle vient de mettre le pied dans leur campement. Même en sachant qu'ils combattent probablement aux côtés de FitzGibbon contre les Américains, elle n'est qu'une femme blanche seule en forêt et elle est terrifiée. Parce qu'elle arrive des lignes ennemies, ils craignent qu'elle soit une espionne. Son courage et son insistance viennent à bout des soupçons du chef qui accepte de l'emmener voir FitzGibbon.

Dix-huit heures et trente-deux kilomètres après avoir entrepris son aventure, Laura se trouve en présence de James FitzGibbon et, d'une voix épuisée, l'informe de l'attaque-surprise planifiée par les Américains. FitzGibbon décrira Laura comme une femme « tenace avec une volonté de fer » et lui attribuera la victoire lorsqu'un petit groupe de 44 « Tigres verts » et d'Amérindiens dirigés par Dominique Ducharme tendent une embuscade et capturent un grand nombre d'Américains à Beaver Dams, s'assurant ainsi que la péninsule de Niagara demeure en territoire canadien. Laura retourne secrètement derrière les lignes ennemies pour retrouver sa famille sans que personne n'entende parler de son escapade héroïque jusqu'à ce que la guerre soit terminée depuis longtemps.

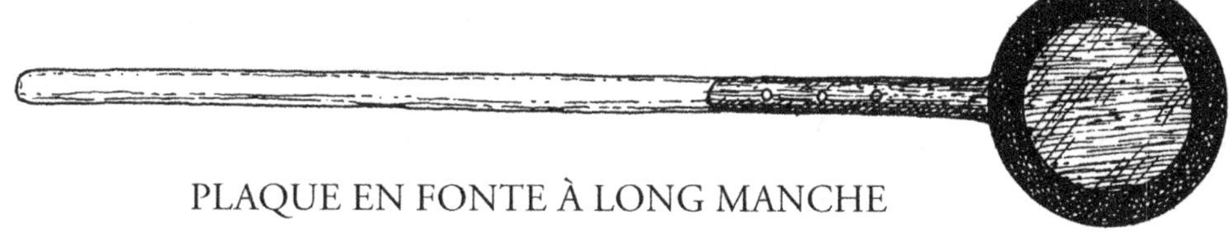

PLAQUE EN FONTE À LONG MANCHE

Bataille de Beaver Dams

En juin 1813, le général Dearborn ordonne au colonel Charles Boerstler de diriger une attaque secrète contre la ferme de John DeCew, près de Beaver Dams. On sait qu'il s'agit du quartier général des guérilleros canadiens, britanniques et amérindiens : les dragons provinciaux de William Merritt; les « Tigres verts » de FitzGibbon (parfois appelés les « *Bloody Boys* »); les Mohawks de John Norton; et, plus tardivement, les Amérindiens de Caughnawaga du Bas-Canada (Québec) avec, à leur tête, le francophone, Dominique Ducharme.

Avec 500 hommes, deux canons, et l'infanterie à cheval du Dr Cyrenius Chapin, la force d'attaque de Boerstler marche en pleine nuit en direction de St. David qu'ils atteignent avant le lever du soleil le 24 juin 1813. Lorsque les Américains escaladent la falaise Niagara, ils rencontrent Dominique Ducharme et les Amérindiens de Chaughnawaga qui l'attendent, embusqués dans l'épaisse forêt. La bataille durera trois heures.

Au milieu du combat chaotique, James FitzGibbon survient avec un drapeau blanc et 44 de ses Tigres verts aguerris, exigeant des Américains qu'ils se rendent. Il bluffe, mais FitzGibbon parvient à convaincre le colonel Boerstler qu'il dispose d'une grande armée britannique cachée dans les bois, plutôt que de quelques Amérindiens et de sa petite troupe. Le colonel se rend avec ses 500 soldats et les maraudeurs de Chapin. L'avertissement de Laura Secord, l'embuscade de Dominique Ducharme et la ruse de James FitzGibbon ont été payants.

Lorsque le général Dearborn, de retour au fort George, qu'il a capturé, entend parler de la défaite de Beaver Dams, il est à la fois surpris et furieux. Les défaites de Stoney Creek et de Beaver Dams le forcent à abandonner son commandement. Le général James Wilkinson le remplace.

Contrebandiers

De nombreuses années plus tard, en 1835, James Secord était devenu receveur des douanes à Chippawa. Une nuit, il avait besoin d'un autre homme pour l'aider à arrêter deux contrebandiers, mais personne ne se portait volontaire. Laura, qui avait alors plus de 60 ans, se vêtit d'un long paletot, s'enfonça un chapeau jusqu'aux oreilles, prit un fusil et aida son mari à capturer les criminels.

Pauvreté et vieillesse

Lorsque James, son mari, mourut en 1841, Laura n'avait plus de moyen de subsistance. Dans ce temps-là, il n'y avait pas d'assurance pour les conjointes, ni de sécurité sociale ou de pension de vieillesse. Elle se mit donc à faire des travaux d'aiguille et ouvrit une école dans sa petite maison pour gagner sa croûte. Lorsque Laura lui demanda de l'aider, James FitzGibbon des Tigres verts vint à sa rescousse, révélant le rôle qu'elle avait joué dans la bataille de Beaver Dams. En 1860, lorsque Laura eut 85 ans, le prince de Galles (futur roi Edward VII), alors de passage, la récompensa pour son héroïque escapade de 32 km, en lui remettant la somme de 100 livres. Elle mourut à l'âge de 93 ans.

Chocolats

De nos jours, on connaît surtout « Laura Secord » comme la marque de commerce d'une entreprise canadienne qui fabrique du chocolat. Tu peux toi aussi faire du chocolat pour tes copains de classe et tes amis en suivant cette ancienne recette familiale de fudge, proposée par Vicky Kosharewich, à la page suivante.

Recette de fudge de Victoria (1812)

Ce qu'il te faut :

2/3 tasse (150 ml) de cacao
3 tasses (750 ml) de sucre
1 1/2 tasse (375 ml) de crème épaisse
un thermomètre à bonbon
une casserole épaisse
un plat carré de 8 pouces (20 cm) légèrement beurré
des noix (facultatif)

Ce qu'il faut faire :

1. *Mélange le cacao, le sucre et la crème dans une casserole épaisse. Remue.*
2. *Sur un feu moyen, amène à ébullition.*
3. *Réduis ensuite la chaleur – NE REMUE PAS – et laisse cuire jusqu'à ce que le mélange atteigne 234 degrés Fahrenheit (112 degrés Celsius). Mesure la température au moyen d'un thermomètre à bonbon (doit avoir la consistance d'une petit perle).*
4. *Laisse cuire jusqu'à température tiède, soit 110 degrés Fahrenheit (34 degrés Celsius).*
5. *Remue vigoureusement jusqu'à épaississement.*
6. *Ici, tu peux ajouter des noix de ton choix (facultatif).*
7. *Étends le mélange dans le plat de 8 pouces (20 cm) légèrement beurré.*
8. *Laisse refroidir, puis coupe en carrés.*

CHAPITRE 6 *Les défenseurs du Bas-Canada*

Lieutenant-colonel de Salaberry

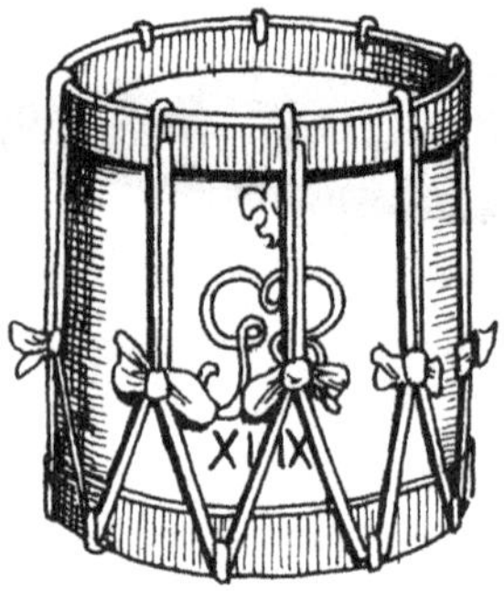

Quand les Américains envahissent le Canada, ils s'attendent à ce que les Canadiens français du Bas-Canada (Québec) et les petits propriétaires (fermiers et colons) du Haut-Canada (Ontario) les accueillent en libérateurs. Mais les Canadiens restent fidèles à la Couronne britannique.

À la fin de 1813, les sentiers forestiers enneigés et les lacs gelés ne tardent pas à rendre les mouvements de troupes impossibles jusqu'au printemps 1814. Les Américains ont incendié York et capturé le fort George, se sont rendus maîtres du lac Érié, ont remporté la Bataille de la rivière Thames et rassemblé trois grandes armées prêtes à foncer vers le nord.

L'approche de l'hiver a forcé l'armée américaine du Nord-Ouest, commandée par le général Harrison, à battre en retraite vers le sud. Le major-général James Wilkinson commande maintenant l'armée du centre, car le général Dearborn a été remplacé après sa disgrâce à Stoney Creek et Beaver Dams. Les Canadiens et les Britanniques en poste sur les hauteurs de Burlington menacent les Américains dans la péninsule de Niagara. Le major-général Wade Hampton dirige la troisième armée américaine dans le nord de l'état de New York.

Au cours des derniers mois de 1813, les Américains décident d'envahir le Bas-Canada (aujourd'hui la province de Québec) et de s'emparer de Montréal. L'armée du général Hampton s'avancera vers le nord; celle du général Wilkinson longera le Saint-Laurent vers l'est.

DRAPEAU DE LA MILICE DE QUÉBEC

Bataille de Châteauguay

Le général Hampton, propriétaire d'une plantation dans la Caroline du Sud, possède des milliers d'esclaves et en a emmené quelques-uns pour l'aider, tandis que son armée composée de 4 000 soldats de l'armée régulière en costume militaire bleu et de 1 500 miliciens en uniforme gris progresse vers le nord.

Pour se défendre, le Bas-Canada, dispose d'environ 1 600 Britanniques, Canadiens et Amérindiens. Les défenseurs forment un assortiment coloré : les réguliers britanniques; les Voltigeurs canadiens (soldats canadiens-français parés d'un chapeau en peau d'ours et d'un uniforme gris garni de noir); les *Canadian Fencibles* (infanterie régulière canadienne en tunique rouge vif); la *Sedentary Militia* (en chemise et toque bleues artisanales); la milice du Bas-Canada (Québec) en veste verte garnie de rouge; la milice d'élite (fermiers canadiens-français et écossais du Haut-Canada en habit écarlate, dirigés par « Red George » Macdonnel); et les Amérindiens de Caughnawaga, conduits par Dominique Ducharme, de retour après leur victoire à Beaver Dams.

Le 25 octobre 1813, l'armée américaine en marche se heurte à 300 miliciens canadiens, retranchés derrière des ravins dans la rivière Châteauguay, sous le commandement d'un colonel canadien-français audacieux, Charles-Michel de Salaberry, soldat depuis l'âge de 14 ans, qui a une vilaine cicatrice de balle sur la joue infligée lors d'un combat en duel. Pour faire croire qu'ils sont des centaines dans la forêt, de Salaberry envoie des douzaines d'Amérindiens lancer leurs cris dans la forêt. Pour la même raison, les hommes de *Red George* surgissent à l'orée du bois en vestes écarlates, reculent, retournent leur veste à l'envers pour qu'elles paraissent blanches et réapparaissent comme s'ils formaient un groupe distinct. Dispersés dans la forêt, des sonneurs de clairon donnent le signal d'attaquer.

Le général Hampton, berné et croyant qu'il fait face à une force canadienne imposante, donne à ses 5 500 soldats l'ordre de se replier de l'autre côté de la frontière. Moins de 500 Canadiens participaient à l'affrontement.

Bataille de la ferme de Crysler

Au début de novembre 1913, l'armée américaine du centre, commandée par le général Wilkinson, marche vers Montréal depuis Sackets Harbor en passant par l'île Grenadier, puis en longeant le Saint-Laurent vers l'est. Des milliers d'hommes aux armes étincelantes, à bord de 350 embarcations dont les drapeaux flottent au vent et qui avancent au son des tambours, forment une procession impressionnante de cinq milles de long.

L'euphorie se dissipe sous le feu des tireurs isolés canadiens et des canons disposés le long des rives boisées du fleuve et des canonnières britanniques qui talonnent la flotte américaine. Les troupes de Wilkinson poursuivent néanmoins leur route jusqu'aux rapides meurtriers du Long-Sault. Près de la ferme de John Crysler, les 2 500 soldats américains font demi-tour pour se défaire d'une petite troupe harassante sur leurs talons. Le lieutenant-colonel Morrison commande deux régiments britanniques : le 89e, fraîchement arrivé d'Angleterre avec ses hommes bien mis dans leur tunique rouge et le bon vieux régiment d'Isaac Brock, le 49e, dont les soldats portent un manteau d'hiver gris par-dessus leur uniforme. Le

commandant dispose également de quelques *Canadian Fencibles,* Voltigeurs et Amérindiens, mais sa troupe de 800 hommes ne fait pas le poids contre l'armée américaine de 8 000 soldats qu'il suit à couvert.

Morrison a établi son plan de défense avec toute la sagesse et la précision habituelles des tactiques de guerre britanniques. Ses troupes ont été entraînées à suivre les ordres et à tirer des salves assourdissantes à l'unisson. Les troupes américaines sont composées de combattants expérimentés en terrain boisé contre les Amérindiens, mais qui ont l'habitude de faire feu individuellement et au hasard.

Le 11 novembre, les 2 500 Américains attaquent les défenseurs, mais la troupe américaine prend à tort le 49e régiment vêtu de gris pour des miliciens sans expérience. Les Américains se font battre à plate couture par les opposants organisés et professionnels. Une fois l'odeur de poudre dispersée et les épais nuages gris dissipés, Morrison s'en sort victorieux. L'énorme armée américaine se replie à Cornwall, puis retourne en sol américain lorsqu'elle apprend la défaite du général Hampton à Châteauguay. Le Bas-Canada a échappé à l'invasion.

À RÉALISER SOI-MÊME

Crée une armée

Ce qu'il te faut :

ciseaux
colle blanche
outil à rainurer
crayons ou craies de couleur

Ce qu'il faut faire :

Ne colore pas et ne découpe pas les pages de ce livre.*

1. Photocopie les pages suivantes, puis colore les soldats comme suit :

Soldats britanniques : casque noir, tunique rouge, ganses blanches, pantalon blanc, chaussures noires.

Soldats américains : casque noir, tuniques bleu foncé, ganses blanches, pantalon blanc, chaussures noires.

2. Découpe les soldats. Plie à la ligne A, vers l'envers, et colle ensemble les envers de la base.

3. Plie à la ligne B, vers l'endroit, et mets de la colle sur l'envers d'un personnage seulement. Colle les deux envers du personnage ensemble.

* Photocopie ces pages autant de fois que tu veux pour faire une armée aussi nombreuse que tu veux.

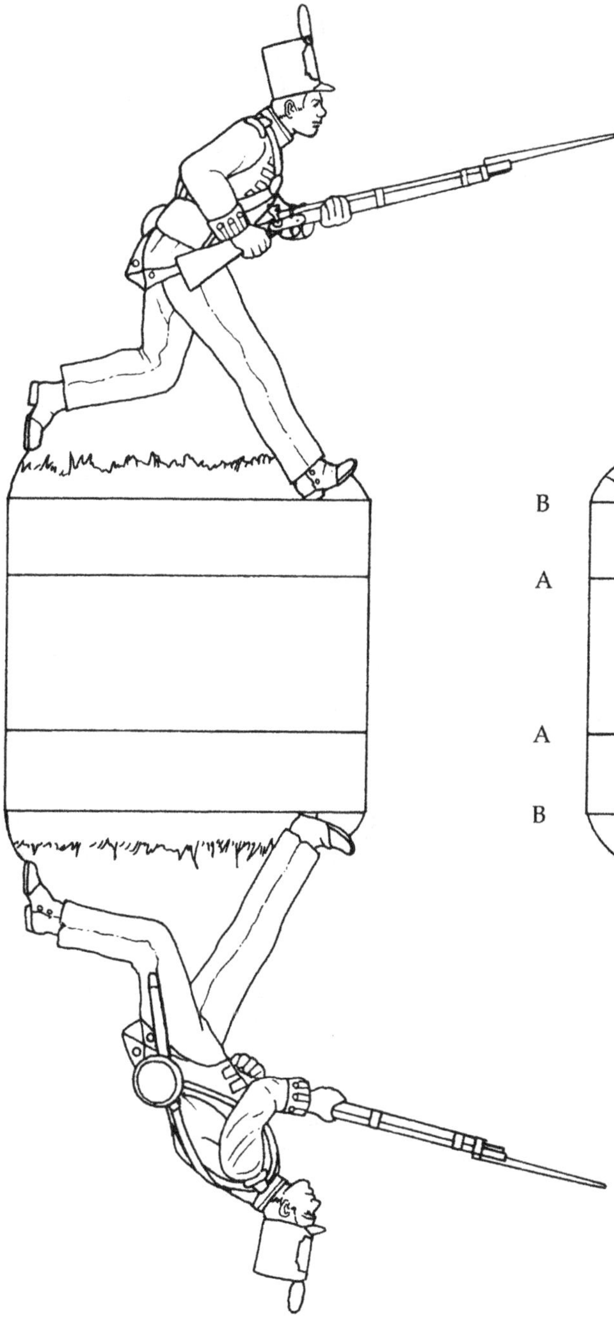
Pli B
Pli A
Pli A
Pli B

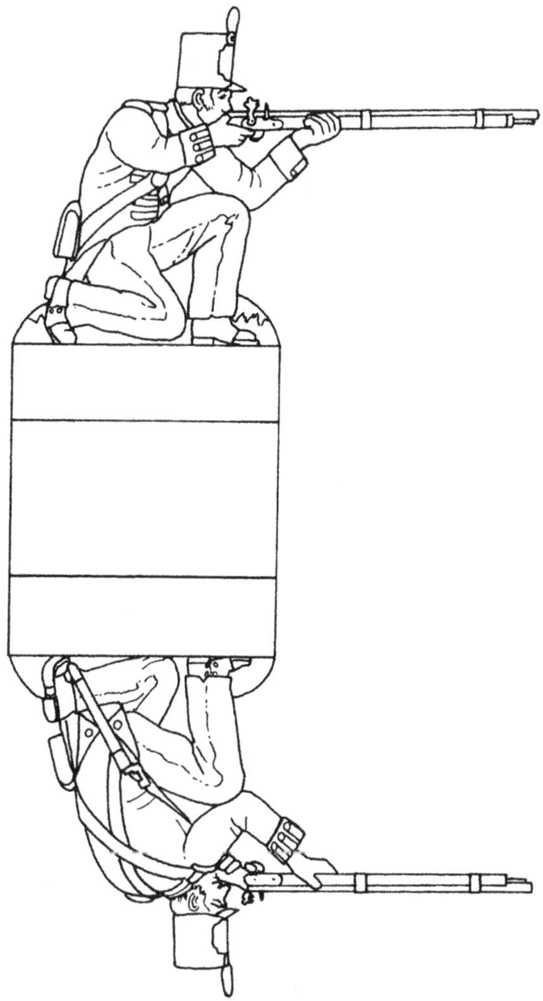
B
A
A
B

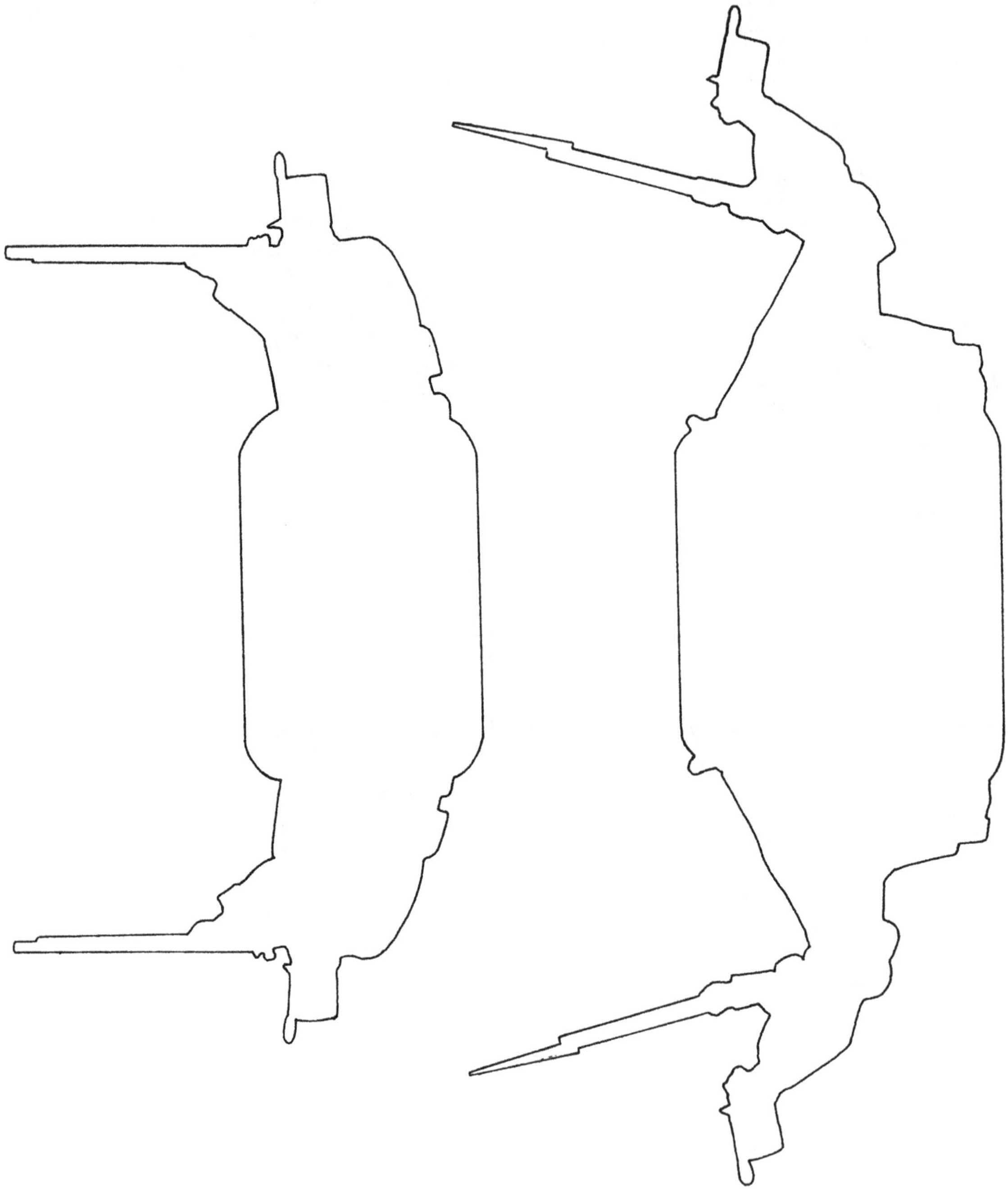

B
A
A
B

B
A
A
B

B
A
A
B

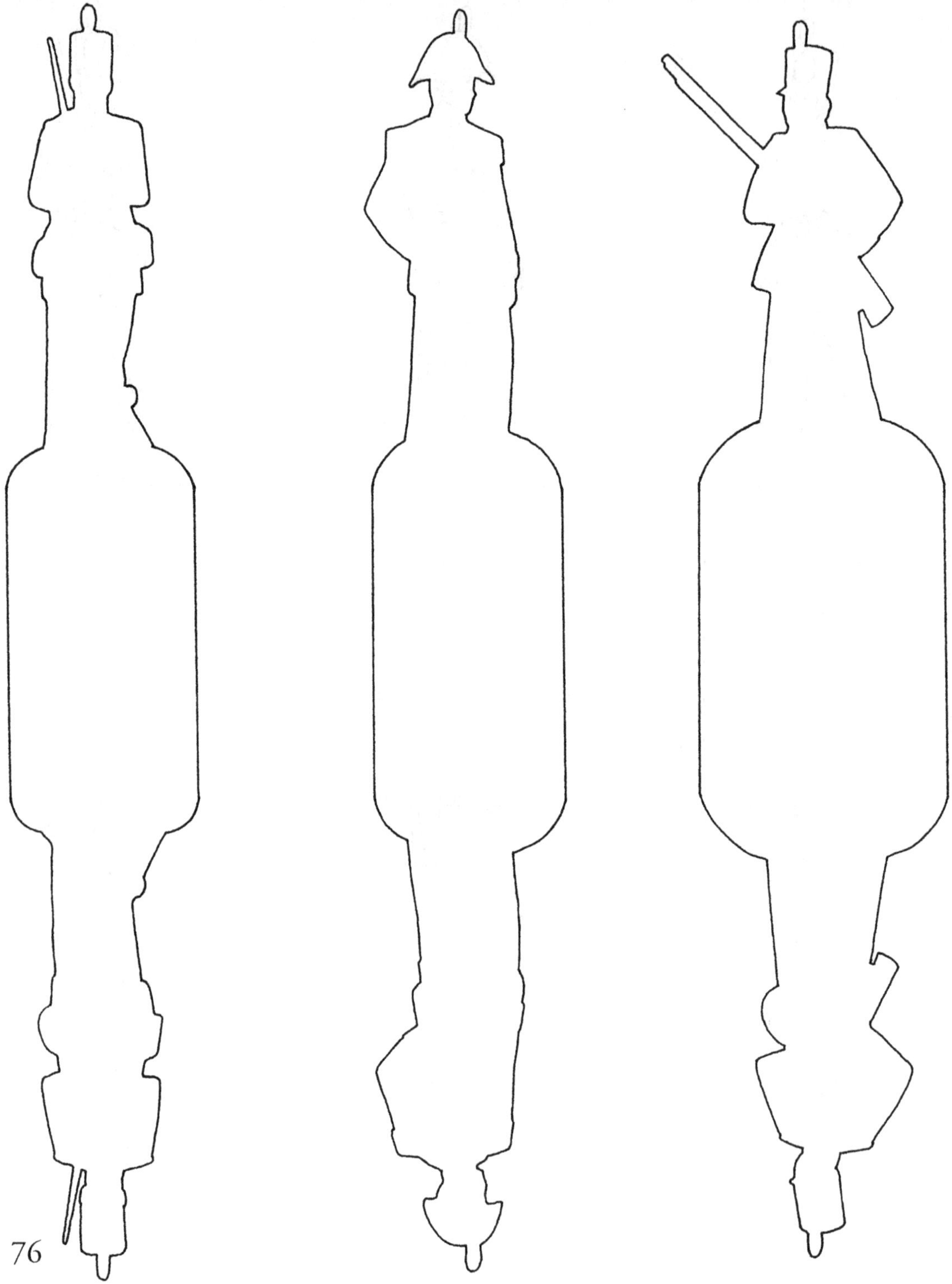

CHAPITRE 7 La dernière invasion

Général Drummond

La troisième année de la guerre, et la plus sanglante, débute au printemps 1814. Le nouveau chef de l'armée américaine est le major-général Jacob Brown et le nouveau lieutenant-général responsable des troupes de défense britanniques est le Canadien de naissance Gordon Drummond.

Les derniers mois de 1813 n'ont pas favorisé les Américains. À l'issue des batailles de Châteauguay et de la ferme de Crysler, les deux armées d'invasion, défaites, ont dû battre en retraite. De plus, l'hostilité des troupes britanniques, la loyauté des citoyens canadiens, les peuples amérindiens et les dragons à cheval de la péninsule de Niagara confinent les troupes américaines au fort George, jusqu'à ce qu'elles soient forcées de l'abandonner. En se repliant, elles incendient et pillent inutilement Newark, un village canadien sans défense (aujourd'hui Niagara-on-the-Lake), où il ne reste que des femmes et des enfants. Ce geste enrage les défenseurs canadiens. En décembre 1813, ces derniers ripostent en traversant la rivière, s'emparent du fort Niagara et incendient les collectivités de Black Rock, Lewiston, Youngstown, Manchester (Niagara Falls) et Buffalo.

Plus loin au nord, les Canadiens détiennent encore le fort Michilimackinac et occupent tous les territoires environnants. Lorsque le général américain William Clark s'empare de Prairie du Chien dans le haut Mississippi, le colonel Robert McDouall envoie un détachement pour reprendre cette localité. Lorsque les Yankees tentent une attaque contre le fort Michilimackinac, McDouall les repousse. Quand les goélettes américaines *Tigress et Scorpion* imposent un blocus visant à affamer les défenseurs canadiens et à leur faire abandonner le fort Michilimackinac, on mène un audacieux raid nocturne. À bord de canoës, les membres du *Royal Newfoundland Regiment* (des pêcheurs et des marins de la côte Est envoyés pour aider à défendre le fort) et les Amérindiens de Robert Dickson (« L'homme aux cheveux rouges ») montent à l'abordage et, après un combat corps à corps, s'emparent du *Tigress*. Quelques jours plus tard, le 5 septembre, ils utilisent ce bateau pour s'approcher tranquillement du *Scorpion*, qui ne s'en méfie pas, et s'en emparer, permettant ainsi aux Canadiens de se rendre complètement maîtres de la région du lac Huron et de tout le Nord-Ouest dès septembre 1813.

Bataille de Chippawa

Au cours de l'été 1814, le général Brown entreprend une nouvelle invasion du Haut-Canada. Profitant du fait que les Britanniques et les Canadiens détiennent à nouveau le fort George et qu'ils occupent le fort Niagara du côté américain, Brown s'empare du fort Érié. Son plan est de remonter par voie terrestre la péninsule de Niagara, de s'emparer des hauteurs de Burlington, d'occuper York (Toronto) et de poursuivre jusqu'à Kingston avec son armée de 3 500 soldats.

Le général Drummond dépêche un grand contingent de soldats pour bloquer la route à son rival américain. Les deux armées s'affrontent pour la première fois le 5 juillet 1814, juste au-delà de l'unique pont de la rivière Chippawa. La bataille de Chippawa est sans pitié. Lorsque le tumulte de cette sanglante bataille s'apaise, ce sont les Américains qui l'ont remportée. Sur le champ de bataille gisent les cadavres de plus de 800 braves combattants des deux camps.

Encore une fois, le héros américain de l'affrontement est Winfield Scott, maintenant général, dont les soldats réguliers portent les uniformes gris de la milice au lieu des traditionnels uniformes bleus, parce qu'on n'en avait pas à leur envoyer. En raison de son impressionnante victoire à Chippawa, les cadets de *West Point* lui rendront hommage plus tard en adoptant cet uniforme gris comme tenue officielle.

ATTAQUE DE LA *TIGRESS*

Bataille de Lundy's Lane

Après la défaite de Chippawa, le général Drummond s'empresse de dépêcher des renforts dans le secteur et vient commander lui-même les défenseurs canadiens. Cette fois, il rassemble ses troupes autour de Cemetery Hill (maintenant Drummond Hill) sur la Lundy's Lane, la route principale qui va de la région de Niagara Falls vers les hauteurs de Burlington.

Les Américains attaquent le 25 juillet 1814, et cette bataille se révélera la plus dévastatrice de la guerre dans le Haut-Canada. Par moments, chacun des camps semble gagner; la confusion et la destruction s'éternisent; les deux généraux sont blessés. Brown, qui est touché à la jambe droite par une balle de mousquet et blessé au corps par un boulet de canon, doit céder le commandement à l'un de ses subalternes. Drummond, quant à lui, saignant abondamment d'une blessure au cou, repousse les efforts de l'un de ses aides qui veut l'emmener en lieu sûr se faire soigner et rassemble ses soldats rompus de fatigue pour un dernier assaut. Prenant part à la plupart des batailles depuis août 1813, se distinguent les *Rocketeers* britanniques dont les fusées Congreve illuminent le ciel. À l'issue de la bataille, les Américains occupent la colline, mais la scène qui s'offre aux regards est désolante : un monstrueux enchevêtrement de cadavres en uniformes bleus, rouges et gris, entassés et mutilés. Drummond a perdu 880 hommes, les Américains 860. Brown se retire à Chippawa.

Attaque du fort Érié

Le 14 août 1814, Drummond force les Yankees à se réfugier au fort Érié, leur dernier retranchement au Canada. Chaque armée compte environ 3 000 soldats. Dans une tentative infructueuse de prendre le fort d'assaut, le jeune neveu de Drummond trouve la mort et plus de 900 soldats restent sur le champ de bataille.

Lorsque le général Brown contre-attaque le 17 septembre, les deux camps subissent encore une fois de lourdes pertes. Le nombre de morts s'élève à 511 Américains et 565 Canadiens ou Britanniques.

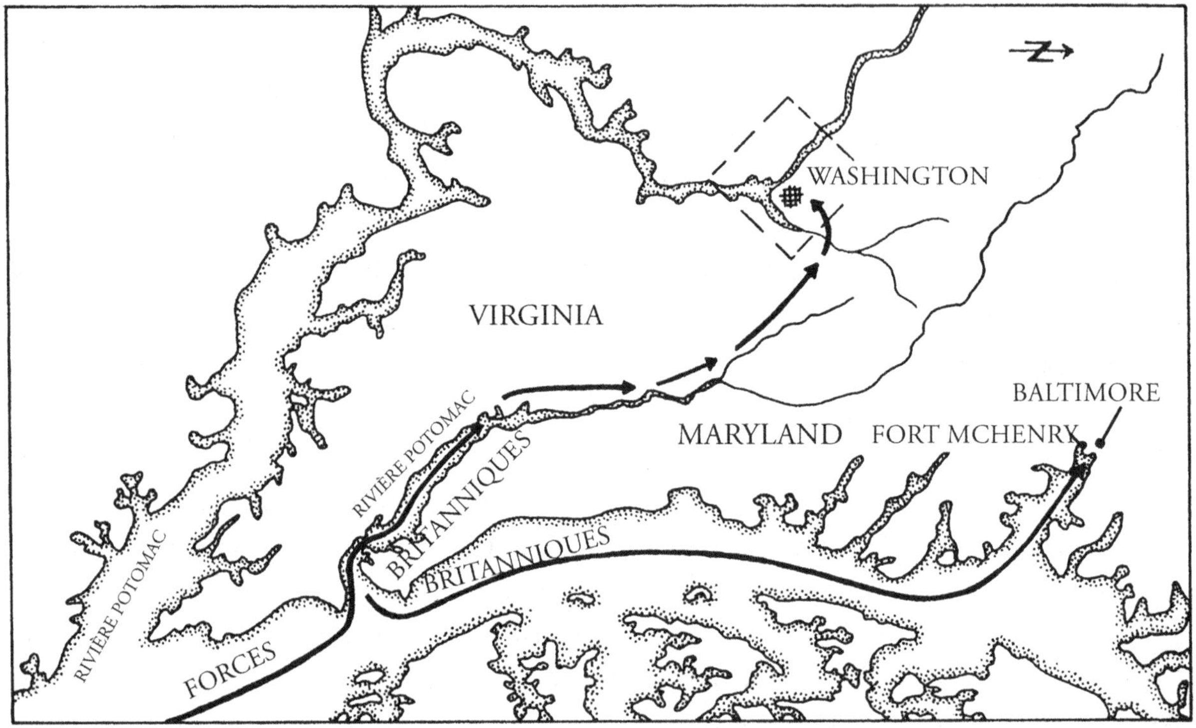

Incendie de Washington (24 août 1814)

En août, les navires britanniques bloquent la côte atlantique des États-Unis et triomphent de la marine américaine. Ils ont finalement l'occasion de se venger de l'incendie de York, la capitale du Haut-Canada. Une armée débarque de ces navires britanniques et marche sur la capitale américaine, Washington, D.C. Pendant que le président Madison se cache pour échapper à la mort, on incendie sa maison, les édifices gouvernementaux et la ville. Selon la légende, il fallut ensuite blanchir à la chaux les murs roussis du manoir du président, créant ainsi la Maison-Blanche.

Bataille du lac Champlain (10 septembre 1814)

À l'été 1814, la guerre se termine en Europe par la victoire de l'Angleterre sur la France. L'Angleterre mobilise des vétérans de l'armée de Wellington pour envoyer enfin des renforts aux colonies canadiennes. Le général George Prévost, à la tête d'une immense armée de 11 000 hommes, marche vers le sud depuis Montréal en direction de l'état de New York. Pour une fois, les Américains sont les défenseurs et les moins nombreux. Comme les Canadiens l'ont fait si souvent au cours des premières années de la guerre, les quelques Yankees de Plattsburgh font croire au général Prévost qu'ils disposent en fait d'une immense armée. Apprenant que sa flotte sur le lac Champlain a été détruite et capturée par le commodore américain Thomas Macdonough, Prévost retourne au Bas-Canada. Lors d'une enquête ultérieure de la marine où on semble critiquer son rôle dans la bataille, Prévost demande à être traduit en cour martiale pour défendre sa réputation, mais il meurt un mois avant la date prévue à cette fin, en 1815.

La bataille de Cook's Mills et le « super navire »

Le 28 septembre, une nouvelle armée américaine de 4 000 combattants expérimentés arrive au fort Érié. Les Yankees font une dernière tentative d'invasion à Cook's Mills en octobre 1814. À ce moment-là, la course à la construction de navires sur le lac Ontario a été gagnée par le commodore Yeo grâce au lancement d'un « super navire » de 102 canons, le *St. Lawrence,* à Kingston. En octobre 1814, Brown se retire du fort Érié et rentre à Buffalo. Les Américains mettent finalement un terme à leur tentative d'invasion du Canada.

Soldats artistes

En 1812, les officiers de la *British Royal Engineer* devaient pouvoir peindre en plus de se battre. Ils recevaient une formation en dessin et aquarelle, car avant l'époque de la photographie, les cartes et illustrations des défenses ou des voies de transport faisaient partie des rapports officiels.

De nos jours, on peut visiter un grand nombre de ces premiers forts et de ces premières collectivités datant de 1812, assister à la reconstitution des batailles et rencontrer des personnages en uniformes et en costumes d'époque. Voici quelques endroits à visiter. (Veuillez communiquer avec les bureaux locaux de tourisme d'un côté ou de l'autre de la frontière pour obtenir de plus amples renseignements et les dates exactes) :

Forts et activités du côté canadien :

Ancien fort York (Toronto, Ontario)
Fort George (Niagara-on-the-Lake, Ontario)
Bataille de Stoney Creek (Stoney Creek, Ontario)
Fort Wellington (Prescott, Ontario)
Havre de la découverte (Penetanguishene, Ontario)
Ancien fort Érié (Fort Erie, Ontario)
Fort Amherstburg (Fort Malden) (Windsor, Ontario)
Site historique de l'île Nancy (Wasaga Beach, Ontario)
Reconstitution historique du camp de Backus (Port Rowan, Ontario)
Ancien fort Henry (Kingston, Ontario)
Upper Canada Village (Morrisburg, Ontario)
Fête du patrimoine (Chatham, Ontario)

Forts et activités du côté des États-Unis :

Ancien fort Niagara (Youngstown, New York)
Fort Michilimackinac (île Mackinac, Michigan)
Le vaisseau amiral de Perry, le brick américain *Niagara* (Erie, Penn.)
Mississinewa (Marion, Indiana)
Fort Snelling (St. Paul, Minnesota)
Fort de la traite des fourrures de la Compagnie du Nord-Ouest (Pine City, Minnesota)
Champ de bataille de Sackets Harbour (Sackets Harbor, New York)
Fort Howard (Green Bay, Wisconsin)
Prairie Villa Rendezvous (Prairie du Chien)
Ancien fort Madison (Fort Madison, Iowa)
Fort Meigs (Ohio)

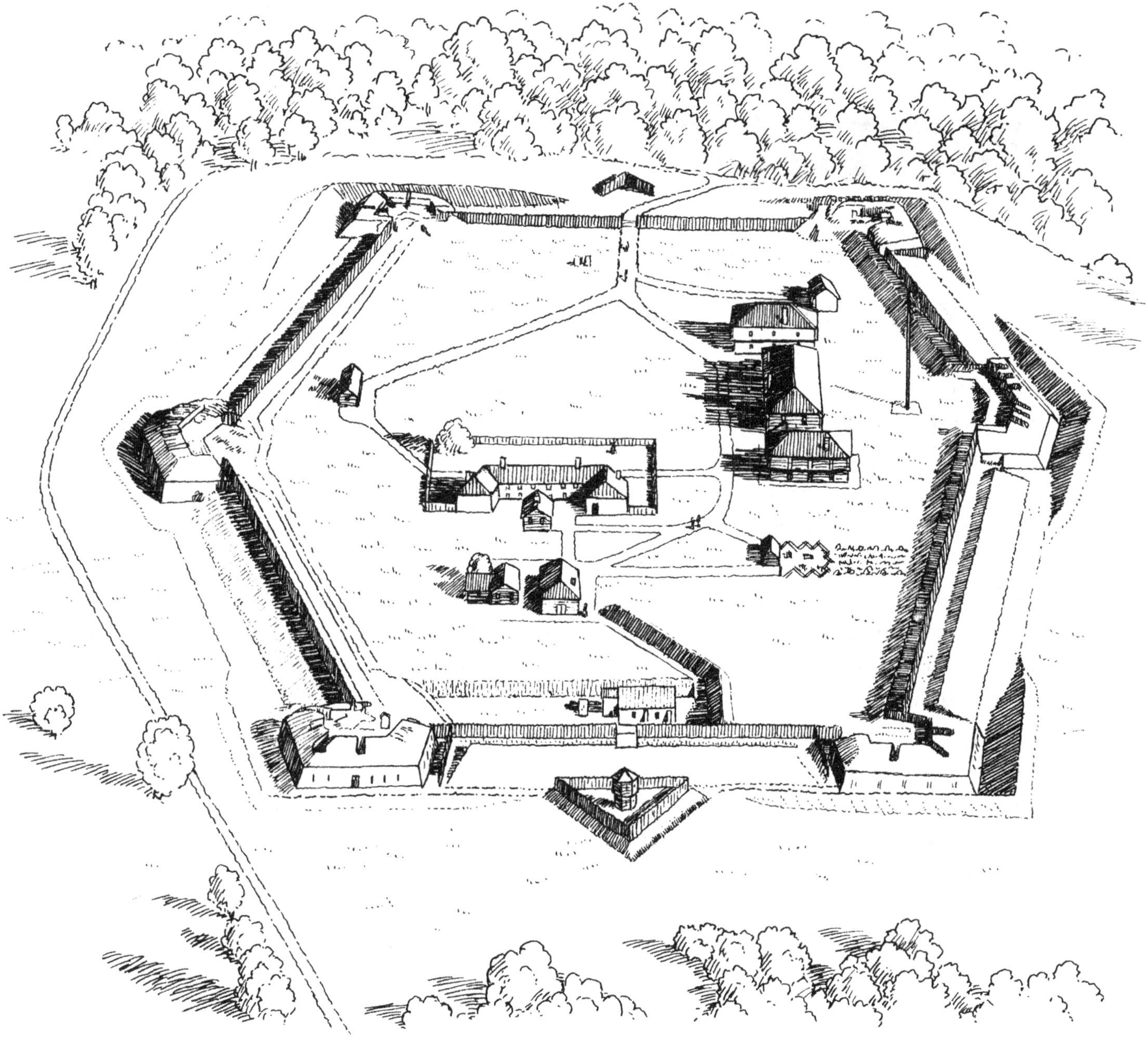

FORT GEORGE, NIAGARA-ON-THE-LAKE (ONTARIO)

• *À RÉALISER SOI-MÊME* •

Mots croisés sur la guerre de 1812

HORIZONTALEMENT

2. Ancien nom de Toronto.
3. Petit canon.
5. Général américain à la bataille de la Nouvelle-Orléans.
7. Le héros de Stoney Creek.
8. Un médecin et un dragon.
10. Le commodore américain sur le lac Ontario.
13. De Salaberry a gagné cette bataille.
15. Il a gagné la bataille de Chippawa.
16. Le chef des « Tigres verts » (ou *Bloody Boys*).
21. Un général né au Canada.
23. Un héros du Haut-Canada.
24. Une héroïne du Haut-Canada.
25. Général britannique à la bataille du lac Champlain.
27. Son surnom est « Capitaine Dick ».
28. Le commodore britannique sur le lac Ontario.
29. Le premier fort américain capturé en 1812 était sur cette île.
30. Il a gagné la bataille du lac Érié.
31. Il a incendié le village de Prophet.

VERTICALEMENT

1. Nom français de l'arme qu'on appelait *Brown Bess.*
4. Une bataille célèbre sur un lac.
6. La fiancée d'Isaac Brock.
7. Le surnom du général Dearborn.
9. Il a perdu la bataille de la Thames.
11. *Leaping Panther.*
12. Le général Hull a abandonné ce fort.
14. Le nom du cheval d'Isaak Brock.
17. Tecumseh a été tué dans cette bataille.
18. Le traité de paix.
19. Le « capitaine manchot ».
20. Un chef de guerre à moitié écossais, à moitié mohawk.
21. « L'homme aux cheveux rouges ».
22. Un héros à Beaver Dams.
26. Rivière où il y a eu un massacre.

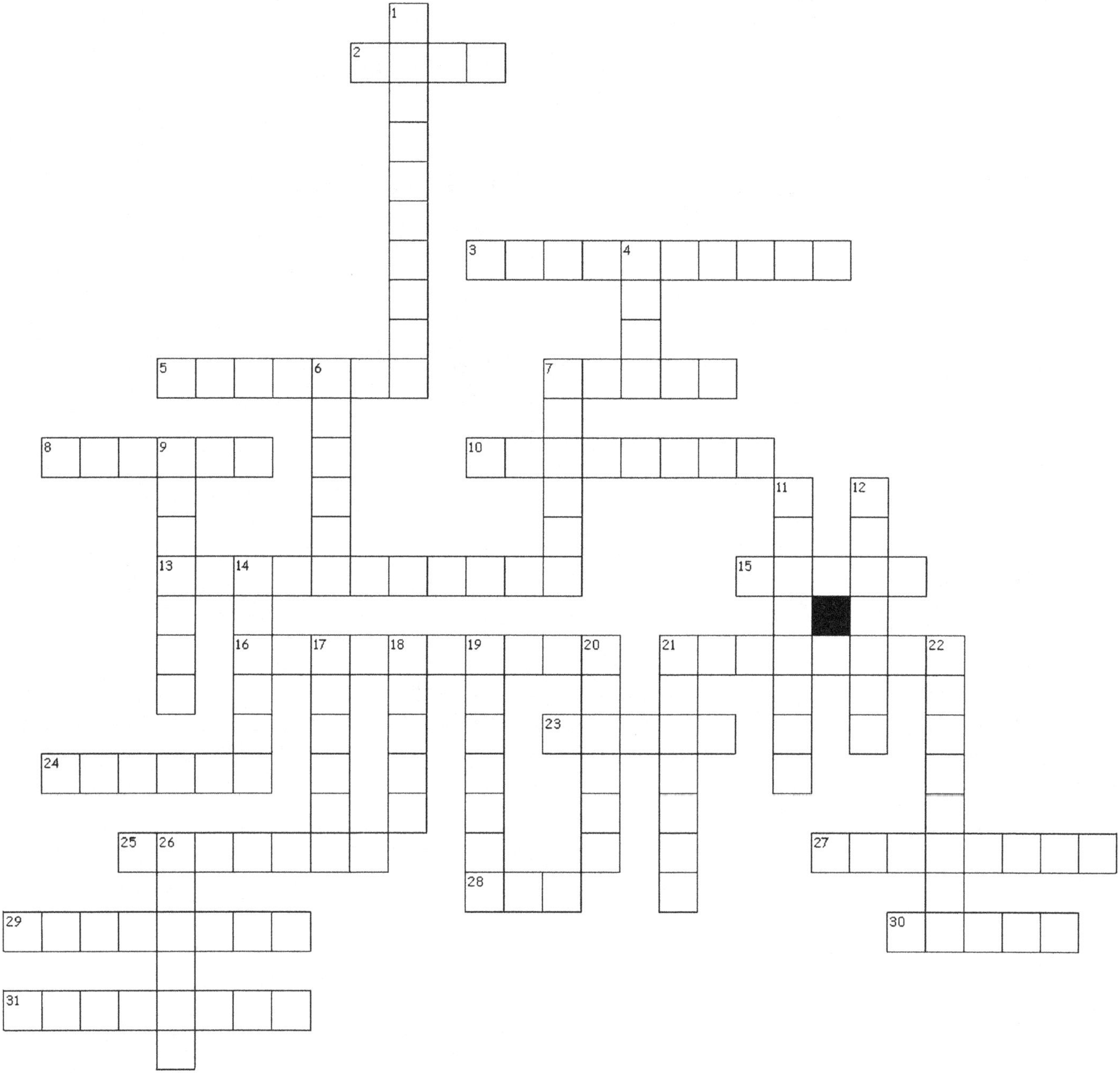
1
2
3
4
5
6
7
8
9
10
11
12
13
14
15
16
17
18
19
20
21
22
23
24
25
26
27
28
29
30
31

Réponses aux mots croisés sur la guerre de 1812 de la page 86 :

HORIZONTALEMENT

2. York
3. Sauterelle
5. Jackson
7. Green
8. Chapin
10. Chauncey
13. Châteauguay
15. Scott
16. FitzGibbon
21. Drummond
23. Brock
24. Secord
25. Prévost
27. Pierpont
28. Yeo
29. Mackinac
30. Perry
31. Harrison

VERTICALEMENT

1. Mousqueton
4. Érié
6. Sophie
7. Granny
9. Proctor
11. Tecumseh
12. Detroit
14. Alfred
17. Thames
18. Ghent
19. Barclay
20. Norton
21. Dickson
22. Ducharme
26. Raisin

Traité de Ghent

Le 24 décembre 1814 (la veille de Noël), la Grande-Bretagne et les États-Unis signent un traité de paix, sous la supervision du tsar de Russie, à Ghent, en Belgique. La guerre de 1812 prend fin officiellement. Les valeureux combattants britanniques, canadiens et amérindiens ont non seulement fait échouer toutes les tentatives d'invasion, mais ils se sont emparé d'une grande partie du territoire américain. Toutefois, les colonies canadiennes sont représentées par des diplomates britanniques, loin des frontières, et les deux parties se mettent d'accord pour tracer les frontières là où elles étaient avant la guerre. Le fort Michilimackinac, le territoire du Michigan, le fort Niagara et les autres territoires américains occupés sont rendus aux États-Unis. Le fort Amherstburg et le comté d'Essex retournent au Haut-Canada. Les tribus amérindiennes loyales qui ont combattu aux côtés des Britanniques et des Canadiens ne sont pas représentées et l'accord ne comprend aucune garantie qu'on respectera leurs droits sur leur territoire.

Bataille de la Nouvelle-Orléans

La destruction et la mort qui sont le lot des guerres sont toujours une tragédie, mais les luttes insensées sont une comédie grotesque. Le 8 janvier 1815, le document signé à Ghent est en route sur l'océan Atlantique. Ignorant que la guerre est finie, une force britannique de 8 000 hommes dirigée par le beau-frère de Wellington, sir Edward Pakenham, attaque l'armée d'Andrew Jackson beaucoup plus au sud, près de la Nouvelle-Orléans. Pakenham et 2 000 de ses tuniques rouges sont tués et Andrew Jackson deviendra plus tard président des États-Unis en raison de sa victoire à la bataille à la Nouvelle-Orléans.

Index

Made in the USA
Monee, IL
10 September 2026

62770887R00057